愛の会社エグジット

売り手も買い手も幸せになる事業売却

吉田学

みらい PUBLISHING

はじめに

◇日本を引っ張ってきた「団塊の世代」の背中を見て育った

もうすぐ人生100年時代がやってきます。

この長い年月を見据え、自分が育て上げた会社の社長を卒業し、第二の人生を楽しむ方法。それが、本書でこれからご紹介する「会社エグジット」です。会社エグジットとは、ズバリ「売り手も買い手も、家族・社員・取引先などの利害関係者も全て幸せになる会社・事業売却」のことです。

くわしく会社エグジットについて触れる前に、いまの会社社長を担っている世代を取りまく状況を考えてみましょう。

私が小学生の頃（1960年代）、人気アニメ「サザエさん」の波平さんは老人の扱いでした。しかし、後に知ることになるのですが、波平さんは実は54歳の現役サラリーマンだったのです。

当時のサラリーマンの定年は55歳。マスオさんとお寿司屋さんで一杯引っかけ、赤鼻で寿司折をぶら下げて上機嫌に帰宅する波平さん。そして、奥さんのフネさん（52歳）にしかられる定番シーン。

これを盛り込むには、波平さんは54歳でなければならなかったのです。

私が54歳を迎えた時、波平さんを思い出し、老人の入り口に立ったような錯覚を覚え、複雑な心境になったものです。

現在はどうでしょう？

サラリーマンの定年は、既に60歳から65歳に移行しつつあり、70歳に延びようとしています。かたや、ミュージシャンの永ちゃんこと、矢沢永吉さん。戦後生まれの団塊の世代。70歳を超えてなお、腰を振りながらロックしています。とても老人とは思えません。それは、自他ともに認めることでしょう。

私からすると、永ちゃんのような先輩の存在があるからこそ、「老人」という言葉にはピンとこないのです。

波平さんのように定年――今は仮に60歳としましょう――を基準に「老人」と呼ぶことは非常識というべきです。

100年時代ですから、もし定年後に余生を送る人を老人と規定しているなら、その考え方は古いといわざるを得ません。

お年寄りのための電車のシルバーシートが由来で、「シルバー世代」とも呼ばれていますが、これからのニューノーマル（新常態）時代は「ゴールド世代」という呼称ではいかがでしょうか？

オリンピック・パラリンピック同様、自分の人生のゴールを金メダルで飾る世代という意味で「ゴールド世代」がふさわしいと私は思っています。

◇このままでは、危険な「大廃業時代」がやってくる

ところで、いまの60代より年齢が少し上の「団塊の世代」とはどういう人たちでしょうか。戦後の1947〜1949年において、日本の歴史の中で生まれた子供がいちばん多く、人口分布が多い世代です。彼らは戦後の混乱期から始まる日本の復興を成し遂げました。自ら会社を立ち上げ、日本経済のために尽くしてきた人たちです。後輩である我々アラカン世代（60歳の還暦を中心とする世代）は、昭和の時代からその背中を追ってきました。

ところが、平成に入って、バブル崩壊を契機に「失われた10年→20年→30年」を経験し、日本は元気をなくしていきました。

昭和時代のような勢いを失った先輩たちを見て、我々アラカン世代も同じように立ち止まってションボリしてしまったのです。

そんな中、中小企業の社長の年齢は上がっていく一方でした。

気づいてみれば、国内の会社の99・7%を占める中小企業は、圧倒的な後継者難に遭遇してしまったのです。

私もそうでした。

会社の創設から20年経っていた時、社長の私は50歳になっていました。

3年かけてベテラン社員に事業承継しようとしたところ、ことごとく失敗し、無理がたたったのか、5人いた後継者候補全員が退職してしまったのです。

会社によって理由は異なると思いますが、後継者不在は大きな社会問題であることは間違いありません。

このまま手をこまねいていると近々、大廃業時代・大失業時代が訪れることになります。コロナ禍がその速度を速め、ぼんやりしていた将来が、すぐそこにくっきりとした像を結ぶ日は近いかもしれません。

◇事業承継の最適解は第三者への「会社売却」

ちょっと暗い話題になってしまいました。

しかし、このような社会および時代背景を認識していれば、危機感を持ち、自分ごととして前に進むことができます。

私も、それを知ったことで、いったんは挫折した事業承継問題に再度向き合うことができたのです。


ひとつのデータをご紹介しましょう。

あなたは中小企業の社長の年代別のシェアをご存じですか？

60代3割、70代3割です（中小企業庁／2020年版「中小企業白書」より）。

そして、70代の社長が経営する会社業績が現在いちばん芳しくないのです。

このデータを額面通りに捉えるならば、事業承継できなければ、10年以内に会社は廃業するしかなくなってしまうことになります。


さて、この問題の最適解は何でしょうか？

ゴールド世代の心で感じ、頭で考え、経験してみての私の結論。それは、第三者に**会社を売却**すること＝「会社エグジット」です（会社エグジットの意味については、第1部の冒頭で説明させていただきます）。

では、会社エグジットで得られるメリットは何でしょうか？

・事業承継が早期に解決できる
・ストレスフリーになって、次の人生にステップアップできる
・廃業するよりも、利益を得ることができる
・家族や社員、すべてのステークホルダー（利害関係者）が幸せを享受できる
・日本経済を活性化し、社会問題のひとつを救済できる

いかがですか？

会社エグジットは、ポジティブで明るい未来を創るための方策です。

苦楽を共にしてきた会社に対して、同時に、会社を通じた利害関係者や自分に対して、そして社会に対しての愛ある行為なのです。

◇会社エグジットは社会貢献へのエントランス（入口）

ところで、あなたは事業承継した後、どうしますか？

たとえば、会社エグジットで得た資金の一部で社会貢献するという生き方もあります。

現代は、２人の若者の年金で１人の熟年を支える時代といわれています。

でも、その構造にはすでにヒビが入っています。むしろ、「ゴールド世代」1人が2人の若者を救うという考え方はどうでしょうか？

人生100年時代、日本の近未来を元気にするのは、ゴールド世代のほうなのではないでしょうか。そんな気持ちで、本書を読んでいただければ幸いです。

第1部は、事業承継に悩み、会社を売ることに躊躇されている方にぜひ読んでもらいたいと考えています。事業承継の最適解がなぜ会社売却なのかを説明させていただきました。タイプ別に、7人の事例も添えてあります。あなたは、その7人のどのタイプを身近に感じるでしょうか？

会社エグジットをすでに決めている方にも、自分の向かおうとしている方向がそれでいいのか、本書を読んであらためてご確認いただければ幸いです。

第2部は、会社エグジットを決意したものの、自分がどう動けばいいか迷っている方を念頭において、執筆しました。自らが陣頭指揮を執り、会社エグジットをプロデュース（自分が中心となって、ひとつの事業を統括し、成功させること）する具体的な方法と流れを示させていただきました。また、あなたがすぐ使えるドリルやチェックシートもご用意しています。最終的にオーダーシートができれば、自信をもって行動にうつすことができるのではないかと考えています。

まだ会社エグジットに迷われている方にも、「仮にエグジットするなら」という視点で読んでいただけたらうれしく思います。

あなたの心が重荷から解放されて、最良のアクションを起こし、幸福を手に入れますことをお祈りしています。

吉田　学

目次

［第1部］　あなたの「会社エグジット」が日本を救う

第1章　会社を売ることはニューノーマルな事業承継です

第4章　名著から学ぶ、第二の人生を謳歌する方法

第5章　あなたはライオンタイプ？　それともエンジェルタイプ？
──タイプ別診断とエグジット事例紹介

［第2部］　全員が幸福になるためのアクション

第6章　現状を把握し、会社を磨く

第7章 会社をいくらで、どこへ、いつまでにエグジットするか

第1章

会社を売ることはニューノーマルな事業承継です

まず何よりも、変化を脅威ではなく、
機会として捉えなければならない。

（ピーター・ドラッカー／米国の経営学者）

愛ある意思決定「会社エグジット」が日本を救う

後継者がいない。このままでは会社の先行きが心配だ。

日本の中小企業のうちの3分の2の経営者が、そのような悩みを持っています。

あなたはいかがですか？

結論から言えば、「風が吹けば桶屋が儲かる」同様、あなたが会社を「エグジット」すれば、あなた自身やあなたの利害関係者が幸せになると同時に、日本が救われるのです。

第1部では、そのことについてお話をしていきます。

まず最初に、今密かに実例が増えている「会社エグジット」についてご説明します。この言葉は、私が現在の会社売却に関する動きについて提案を含めて名付けた言葉です。

エグジット……英語でEXIT。「出口」のことをいいます。つまり、会社エグジットを直訳すると、「会社の出口」ということになるでしょうか。

経済の世界でのエグジットは次の意味になります。

・ベンチャービジネスや企業再生における投資回収

・手段としては、株式公開（ＩＰＯ）と第三者への売却

その目的は、会社エグジットによって利益を得ることです。ただし、私は単に会社を売却してお金を得ることを最終目的として「会社エグジット」と捉えてはいません。

よく見聞きするのは、株式上場する企業が株式市場から大きな資金を得ている姿。

ＩＴ企業の経営者が会社を立ち上げて事業を軌道に乗せ、会社を高く売却して得た資金で次の会社を興す。このような起業家を「シリアルアントレプレナー（連続起業家）」と呼びます。

長年、娘や息子のように愛情を持って育ててきた中小企業の社長にとっては、この「会社エグジット」という言葉は身近に感じないかもしれません。

しかし、そうではありません。この言葉は、まさにあなたのための、応援の意味をこめた言葉なのです。

・人生100年時代で、会社を引退した後は余生ではなく、次の人生のスタートであること
・後継者がいないのであれば、第三者に売却するのは、会社存続のベストな選択であること
・鳥の目で日本を俯瞰すれば、99・7％という圧倒的多数を占める中小企業の世代交代が行われること

この3つをして、会社を売却する主人公は、中小企業の社長であるあなたなのです。

本書で伝えたい会社エグジットとは、

「後継者のいない中小企業の社長が、会社を第三者に売却することによって、自分の次の人生、そして家族・社員・取引先などの利害関係者の幸せを創造し、大廃業時代が来るといわれている日本経済を救う愛ある行為」

という意味になります。

つまり、「会社エグジット」は、上場企業以上に大きな存在感を持つ中小企業のためにある言葉なのです。

事業承継の変化

かつて、中小企業の事業承継はほとんどが身内（親族および従業員）への承継でした。たとえばそれは、子供をほかの会社などで修業させ、自社への入社後は後継者候補として帝王学を授け、実権を譲っていくというプロセスでの事業承継だったり、手塩にかけて育てた従業員への事業承継でした。

それが、平成時代をはさんで様相が変わってきました。身内以外へ事業承継をするケースが一挙に浮上してきたのです。

その理由としては、身内の中に後継者になる人がいなくなってしまったことが挙げられます。
本章を通じて、その現状を把握し、すでに会社エグジットが新たな常識になっていることを知っていただきたいと考えています。

後継者不在で中小企業の3分の1がつぶれる？

経済産業省の調査『平成29年　中小企業・小規模事業者の生産性向上について』によると、2025年までに、全国の中小企業のうち、後継者不足によって127万社が廃業の危機にあるとの予測が示されています。127万社というのは、実に中小企業の3分の1という驚くべき数字です。

その時までに、通常であればリタイアを考える70歳以上の社長の数は約245万人になります。その約半数が「後継者未定」と回答しており、それが廃業の危機を抱えている企業群なのです。

つまり、会社の存続は、業績の良し悪しより、「後継者の有無」にかかっていることになります。実際、休廃業・解散企業の約6割は黒字企業なのです（中小企業庁／2020年版「中小企業白書」より）

そして、廃業の危機を抱えている企業が、そのまま廃業してしまった場合、全就業者の1割に当たる650万人の雇用、国家予算の2割に当たる22兆円が喪失すると試算されています（経済産業省の予測）。

次に日本の中小企業全体に視界を広げてみましょう。

2020年の『全国「後継者不在企業」動向調査』（帝国データバンク）によると、全体の65・1%の企業が「後継者不在」と回答しています。358万社のうち、約233万社が会社の存続に不安を抱えているのです。

233万社。前述した、廃業の危機を抱えている企業の約2倍に迫る数字です。

こうなると、「後継者不在」が大廃業・大失業時代の到来を招き、日本の経済危機や大きな社会問題の呼び水になっていると言っても過言ではありません。

会社の寿命と人の寿命

ところで、国内の会社の平均寿命、あなたは何年だと思いますか？

答えは23・3年です（2020年東京商工リサーチ調査）。

これは、日本人の平均寿命の約3分の1〜4分の1に当たります。

時代はこれから人生100年時代に入ります。つまり、人生は会社の寿命を越えて継続してゆくのです。

社長であるあなたは今、何歳でしょうか？　会社エグジットしても、次の人生が待っているのです。

この状態にため息をつくか、「よし、チャンスだ！」と思ってエネルギーを倍増させるかは、人それぞれでしょう。しかし一度の人生、幸せに生きたいと願うのは当然のことです。会社エグジット後の人生を楽しむことは、これからは当たり前にやっていいことなのです。

自分が変化するか、変化できる人に委ねるか

ＡＩやＩｏＴによる第四次産業革命は、会社に生産性の向上を要求します。もし、あなたや幹部が、社内外の情報や顧客をスピーディーに管理できない場合、できる人にバトンタッチしなければ、業績に大きな影響を与えることになります。

アナログの手法を軸にして経営してきた70代の社長が、これからの時代をリードする40代の社長に事業承継するようなイメージです。

コロナ禍もあり、常識が１８０度変わる「ニューノーマルの時代」が訪れています。ニューノーマルは「新しい常態」を指し、いままでの常識が大きく変わる時代が到来したということを示しています。

従来の経営手法や内容を変えていかなければ、遅かれ早かれ廃業を余儀なくされる未来が待っています。

自分が変化するか、変化できる人に会社エグジットするか、今から考えておきましょう。

エグジットによる会社存続に矛盾はありません

ほとんどの経営者は、自分の会社の存続を望むものです。

自分で起業し、手塩にかけてきた会社です。先代から受け継ぎ、次の後継者に会社を引き継ぎたいと思うのが人情であり、自然の流れです。

「ほとんどの」というのは、社会に背を向けて儲けるという輩が一部いるからです。その会社の悪徳社長は、儲けたら、被害が広がる前に早々と会社を整理してしまいます。腹が立ちますが、せめて引っ掛からないように気を付けましょう（私も、会社の創業時に、このような会社によって数百万円の痛手を負ってしまったことがありました）。

もちろん、起業の時から早々に会社をエグジットしようとする社長が全員悪いと言っているわけではありません。会社の価値を最大化して早期にエグジットし、次の社長がその会社を引き継ぐのであれば問題ありません。結局、会社は存続するのですから。

ところで、世界一古い会社をご存知でしょうか？

それは日本の金剛組という建設会社です。578年創業で、1400年以上続く会社です。なんと、2005年までは金剛一族が経営していました。

そして、金剛組を入れて、1000年以上続く日本の会社は、ほかに、587年創業の池坊華道会、705年創業の西山温泉慶雲館など、7社あります。ちなみにここに挙げた3社は、世界の最古の会社トップ3です（図1）。

日本に侵略戦争がなかったことも幸いしていますが、日本の会社は老舗企業数で世界一。会社を存続させることは当たり前というDNAが脈々と引き継がれているのではないでしょうか。

世界一古い会社ベスト3	
1位	金剛組
2位	池坊華道会
3位	西山温泉慶雲館

図1　世界一古い会社

筆者が住む名古屋の社長仲間の中にも、100年以上続く会社の社長が結構いることに驚きます。会社の寿命は平均24年といわれていますが、100年以上の社歴の会社が多いことを知ると、本当なのかな？と疑わしくなる時もあります。

実は現在でも会社の寿命を延ばすことは可能なのです。こういう例から、日本人には、「会社は長く続けていくもの」というDNAが刷り込まれていることは間違いないでしょう。だから、身内に後継者がいないことにもがき苦しんでいるのです。

会社を存続させることと、エグジットすることは矛盾しません。逆に、最適な存続法といえます。

なぜでしょうか？

こう考えてみましょう。

今、ＡＩやＩｏＴによる第四次産業革命は、会社に生産性の向上を要求しています。

しかし、あなたは従来どおりの経営をしていきます。

一方、会社の売却先はＩＴ社会を生き抜く力があり、ＡＩやＩｏＴに適応できる社長が経営しています。

どうなるか想像してみてください。

結果は言うまでもありません。変化に適応できなければ、会社の生産性は落ち、廃業に向かって歩むことになります。

身内に後継者がいなければ、会社エグジットしたほうが会社は存続するのです。

シンプルに、こう考えたらいかがでしょうか。

会社は私物ではなく、公器であると。

人生１００年時代といわれますが、会社も１００年時代を創れるということです。

第三者への事業承継は、政府も支援するメジャーな手段

さて、身内ではなく、第三者に事業承継する社長はどれぐらいいるか、ご存じでしょうか？

少し古いデータですが、中小企業庁が2012年に㈱野村総合研究所に委託した調査（「中小企業の事業承継に関するアンケート調査」）によれば、親族、役員・従業員以外の第三者による事業承継は、1992年以前は全体の約4％だったものが、2003年以降は5倍の20％以上に増えているのです。

この変化をあなたは意外に感じますか？

この推移でいくと、第三者への事業承継のシェアは、最近ではさらに拡大していると推測されます。

データだけで見ると、もはや会社をエグジットすることは一般化しつつあるのです。

実は、「転職」についても同様の流れでした。

私が20代（1980年代）のころ、㈱リクルートに入社した当時、転職マーケットの規模はまだ小さいものでした。

「週刊就職情報　関東版」の創刊によって、転職マーケットに風穴が開けられ、女性向けの転

職情報誌「とらばーゆ」が創刊されました。同誌の通巻100号記念のときに、私はとらばーゆの編集部に配属になりました。

当時は新卒採用が王道。㈱リクルートが配布する就職情報誌「リクルートブック」などを利用し、4月に一斉入社するというのが、大手企業中心の日本の人材採用モデルでした。

そのとき、中小企業はどうしたか。

知名度が低い分、採用まで至らないことも多く、縁故採用に頼っている状態でした。

新卒採用がうまくいかない状況の中で、中小企業の多くは中途採用をメインにせざるを得なかったのです。

しかし、「転職」は、まだまだ閉鎖的なマーケットでした。

「辛抱が足りない」

「前の会社で何か問題でも起こしたんじゃないか」

そんな悪いイメージで転職者を捉える時代だったのです。そのため、転職する人たちは肩身の狭い思いをしていたのではないでしょうか。

そんな世相もあり、私もスタッフのひとりとして、転職は人生のステップアップであるという啓蒙活動を続け、転職市場の開拓に勤しんできました。

現在はどうでしょうか。高卒の4割、大卒の3割が、入社3年後に転職する時代に変わったのです。しかも、かつては転職した人のほとんどは年収が下がりましたが、いまや、年収アップのためのステップアップとして転職を手段にする人も増えているのです。

そして、政府が成長戦略のひとつとして「中途採用の拡大」を推し進めるほど転職は一般化し、マーケットが拡大しているのです。

同じように、政府は近年「第三者への事業承継」を成長戦略のひとつにしています。

このように、転職と第三者への事業承継は、マーケットとして捉えると、同様に拡大路線を歩み、政府も後押ししているのです。

ただひとつ、様相が違っている点があります。

それは、第三者への事業承継＝会社を第三者に売却することに対して、本人も、世間もいまだ色眼鏡で見ているということです。

何か窮屈な悪いことでもしているのではないかという強迫観念が頭をもたげ、人に知られるのを避けたいという思いにかられてしまうのです。

昭和時代における「転職」に対するバッドイメージが払しょくされたのに、会社売却に関しては、メンタル面でまだバッドイメージが払しょくされず、閉鎖的な状況から抜け出ていないのです。

小さな会社を長年経営し、50代で会社エグジットを決断した私のような中小企業の社長がこれから圧倒的に増えないと、本人やそれを頼る利害関係者、そして日本全体を早晩危機にさらすことになります。

大きな変化にさらされている現在、猶予の時間は加速度的に短くなっています。いまこそ行動を起こす時期です。

あなたは3年で「後継者育成」ができると思いますか？

あなたにはいま、後継者がいますか？

それはあなたの子供あるいは親戚などの身内ですか？

それとも、社歴が長いベテラン幹部ですか？　目をかけている取引先の社員ですか？

もしあなたが、その後継者候補に何らかのアクションを起こしてきたとすれば、結果はどうだったでしょうか？

私の場合はうまくいかず、中小企業の3分の2を占める後継者不在の社長のひとりになってしまった時期がありました。

その原因は、いま思い返すとはっきりしています。後継者を育成するには10年かかるということを念頭に置いていなかったことです。

後継者としてノミネートした対象者への引き継ぎを、「長くて3年」と決めて対応した点に間違いがあったのです。

社歴が長いベテラン幹部、キャリア採用の社員に対し、育成期間はすでに終わったものとして捉えていたのです。

結局、私の捉える「身内」への事業承継は失敗に終わりました。

もし、あなたが同じような捉え方をしているなら、今から発想を切り替えるべきです。身内への事業承継に成功している私の複数の社長仲間は、後継者育成には10年以上の時間を設けなくてはならないと断言します。

・基礎から叩き込む
・経営者のあるべき姿を示す
・自分が通った道を、同じように経験させる
・自他ともに認める№2のポジションを経験させ、徐々に経営権を委譲していく
・事業承継した後もしばらくは補佐する

この5つのプロセスを踏ませるには10年以上かかるというのです。これは当たり前のことかもしれませんが、私にとっては目からうろこの話でした。

あなたが身内への事業承継を考えるなら、このような視点が必要です。

もし、私のように、後継者育成にあまり時間をかけたくないというのなら、別のやり方を考える必要があります。

その最たる手段が「会社エグジット」です。

後継者がいなくて廃業せざるを得ないと思う前に、会社エグジットという手段を選びましょう。そのほうが得策であると同時に、短期間での事業承継が可能だからです。

会社の価値を高めることに1年、会社を売却することに1年、売却後のフォローに1年。

例えば、3年の「会社エグジット」で、あなたは次のステージに進むことができるのです。

まさに、「桃栗3年」ですね。

あなたは、事業承継に何年費やすつもりでいますか?

・身内を事業承継者にするなら、10年を要する覚悟を持ちましょう
・あなたが次にやりたいことをひとまず後回しにして10年間我慢の経営を続けられるか、自分と相談してみましょう

・後継者を育成せず、10年後にもいままでと同じような事業意欲で経営できるかを考えましょう

買い手より売り手のあなたが断然有利

ある中小企業の経営者向けのアンケートによると、「会社を売ろうと思ったことがある」社長が全体の2割、「会社を買いたいと思ったことがある」社長が6割という結果が出ています。

なぜ、買いたいという企業が多いか、知っていますか？

それは、自社で新しい事業を展開する場合、時間がかかりすぎるからです。当然、投資額もかさみます。気づいてみたら、他の会社に事業を先取りされていた、ということにもなりかねません。そうならないために、事業スピードを速めたいのです。

つまり、事業意欲の高い会社は、マッチングできる会社があったらすぐに買いたい、ということになるのです。

それでは、売りたいという企業が、相対的に少ないのはなぜでしょうか？

「まだ、自分でできる」

「身内の後継者候補に事業を承継する」

と、会社を売ることに対する意識がない、もしくは薄い社長がいるからです。

「売るなんてできない」というプライド派もいれば、「売ってもいいけど、表面には出せない」という世間体派、「周りに迷惑がかかる」という思い込み派もいるでしょう。

また、第1部と第2部の各コラム「事業承継がうまくいかない人の思考パターン」にもあるとおり、会社エグジットを色眼鏡で見ている社長もいますし、不安視している社長もいます（私も最初はそうでした）。

そのようなエグジット反対派が、残りの「会社を売ろうと思ったことがない」の8割の人の中に、相当数入っているのではないでしょうか。


いまやほとんどの中小企業に後継者はいません。実に多くの経営者が、会社の将来に不安を抱えているのです。その状況からすると、「会社を売ろうと思ったことがある」社長は、前述の数字とは別に潜在的に相当数存在することが推測されます。

そのほかにも、会社エグジットに消極的な社長がいます。

「買ってくれる会社は少ないんじゃないの？」

「うちの会社を買ってくれるところなんて、ないんじゃないの？」

という、実態を知らないがための消極派の社長です。

前述したとおり、親族、役員・従業員以外の第三者による事業承継は全体の20％以上に達しています。

それだけ身内の後継者がいなくなってきたことになりますが、もうひとつ大きな理由があります。それは、企業間の会社の売買のほかに、起業を目指す個人からの買収も増えてきたからです。

起業する人間にとって、会社を興すことは簡単にできますが、事業を波に乗せるための苦労は並大抵のものではありません。資金面や時間を考えると、相当な苦労を伴います。

その点、すでに事業を営んでいる会社を買ってしまえば、起業の苦労は相当減らせるからです。サラリーマンが会社を買うという書籍が複数冊ベストセラーになっていることからも、時代の変化が読み取れます。

アンケートやデータから、現状の一端を紹介しましたが、買い手がたくさんいることはご理解いただけましたでしょうか？　特に、ネット上には会社のマッチングサイトがどんどん登場しています。

あるマッチングサイトの会社では、ネット上に常時４０００社以上の会社の売却情報を掲載しており、買収を望んでいるユーザー数は4万社（人）以上に至ります。１件当たりの売却情報に平均10社（人）がオファーをかけることができる状態になっているということになります。
ということは、買収を望む対象者が売却を望む対象者のおよそ10倍存在することになります。

人材採用市場には「求人倍率」という言葉があります。会社側が求職者を求める倍率のことです。

倍率が2倍であれば、求職者が2社のうち1社を選ぶ権利があるので求職者側が有利、0・5倍であれば、企業が2人のうち1人を選ぶ権利があるので企業側が有利、1で正常なマーケットになります。

この試算方法を会社エグジットに応用してみましょう。

買い手が売り手を求める倍率を「求社倍率」とします。10倍ということは、10社（人）が1社を争う、逆に言うと、1社の売り手は10社（人）の中から会社の売却先を選ぶことができるということになります。

前節でお伝えしたとおり、会社をエグジットすることは、今やメジャーな手段なのです。ただし不思議なことに、「売り手市場」であるにもかかわらず、買収側がイニシアティブを取る傾向があります。本来であれば、会社の価値を査定した上で、自信をもって買い手を募れば、競争原理が働き、価値はどんどん上がっていくはずですね。

私が本書で、会社エグジット側の社長が陣頭指揮を執って「自己プロデュース」しましょうと言っているのは、現状のマーケットの状況からして、売り手側に有利だからです。

会社エグジットへの意欲が少し上向きましたでしょうか？

column コラム①

オールドタイプの社長100人に聞きました

事業承継がうまくいかない人の思考パターン【色眼鏡編】

赤字、借金、コロナ禍で業績ダウン……会社エグジットなんてできない

赤字が続くと、会社の存続が危ぶまれますね。

私も、平成元年に30歳で会社を設立した4年後、バブルショックで会社を倒産寸前まで追い込んでしまったことがあります。

社員が次々に辞め、最後は社員がたった1人だけの状態までいきました。

バブルショックの1年前、さらに1フロアを追加で借りて事務所を拡張していたのですが、

バブルショックの時は元のフロアの賃借料も払えない状態でした。

平成元年から2年間は黒字だったものの、平成3～4年は2期連続の赤字。会社は倒産への道をひた走っていました。

「半年間で復活の兆しが見えなかったら、廃業してサラリーマンに戻り、借金を返す」

親とそういう約束を交わし、好きなお酒を飲む以外は出ていくお金をできる限り減らし、がむしゃらに仕事をするしかありませんでした。

その結果、家族や取引先の協力もあり、半年経たずに単月の黒字を出すことができ、会社を続けることができました。

その時、私はこう自分に約束したのです。

・これからは、もっと社員を大切にしよう
・協力してくれた取引先を大切にしよう
・身の丈に合わない投資はしないこと
・自分のメンターには、早め早めに相談すること
・マイナスの状態になったら、そのままにせず、期限を決めて行動すること

それから20年後、会社をエグジットするにあたり、私はバブルショック後の会社と自分の歴

史を振り返ってみました。

会社を続けてきてよかった……そんな思いがこみ上げてきました。

会社の売却先は、会社のキャッシュフローなどの金融資産だけではなく、社員と顧客の価値を高く評価してくれたのです。

この経験を基にお伝えしたいのは、決して先走りしないでほしいということです。たとえ赤字があっても、借金があっても、コロナ禍で業績がダウンしていても、焦って、あるいは諦めて廃業してしまうことは避けましょう。

・社員や顧客の価値
・許認可資格の価値
・取り扱い商品やサービスの価値

など、買い手が評価するプラスの資産があることが意外に多いものです。

価値を判断するのは、あくまでも買い手です。

前記のような価値を高く評価してもらえるなら、仮に負債額のほうが大きくても、評価額がそこに加算され、会社エグジットができると同時に、利益分のキャッシュが入るケースが多くあることを忘れないでください。

思い込みで廃業した場合、負債を背負って会社を閉じることになり、利害関係者に迷惑をかけると同時に、自分の生活もままならなくなってしまいます。その前に、会社の価値を査定してみましょう。

第2章

会社エグジットを成功させるための7つのポイント

売り手よし
買い手よし
世間よし
（近江商人）

「会社エグジット」をイメージしてみよう

前章を読んで、会社エグジットがニューノーマルな事業承継であることがおわかりいただけたでしょうか。今は事業承継にお悩みのあなたかもしれませんが、仮に会社エグジットするとしたら、何がポイントになるでしょうか？　ここで一度イメージしてみましょう。

ポイント1　会社の売却先は自分で見つけることができる

社長は自分の力で会社エグジットできる。そう聞くと、あなたはどう思いますか？

「そんなこと、自分ひとりでできるわけがない」

「プロに頼まないと、うまく見つけられるわけがない」

それでは質問です。

「あなたは、会社の売却先探しを、プロに全面委任しますか？」

平たく言うと、丸投げしますか？　ということです。

この問いに対して、ほとんどの方がこう答えるのではないでしょうか。

「そんなことはない。私も関わる。でも、プロを中心に進めていきたい」

私の答えは、こうです。

「いいえ、社長であるあなたが中心となって進めたほうがいいです。プロはあくまで実務者として相棒にしてください」

突然そう言われても、ピンとこない人が多いと思いますので、少し順序立ててお話ししたいと思います。

まずは次のとおり、あなたの周りをよく見回してみてください。


【仕事関係】
・取引先の社長
商品／サービスを購入してもらう顧客と、商品／サービスや素材を仕入れる仕入先です。
・ライバル会社の社長
同業のほか、現場でしのぎを削る競合会社の人。時々、業界団体の会合で顔を合わせているかもしれません。

【地域社会】
・ご近所の会社社長
幼馴染みだったり、ＰＴＡや地域貢献活動で一緒に活動している身近な人。
・趣味などのコミュニティの社長仲間
コミュニティ活動を通じて知り合い、これから深い人間関係が築けそうな方々。

【友人関係】
・親しい関係の社長
あなたと親密な友人関係にある社長仲間です。

どのカテゴリーに、何人の社長がいるでしょうか？
次に、３つの質問です。

「事業承継の悩みを打ち明けられる人は、その中にいますか？　相談した場合、その人は情報を外に漏らす危険はありませんか？」
「会社を買い取ってもらえるか、本人に聞くことはできますか？」
「買い取れないにしても、会社の売却先を紹介してもらえそうな方ですか？」

この人脈の棚卸しによって該当者が浮かび上がるなら、あなたの力だけで売却先を見つけることができる可能性が高いというわけです。
大事なポイントは、金脈ではなく、人脈です。

該当者はいらっしゃいますか？　そして、こう考えてみてください。

・仕事に対する取り組み姿勢が似ている
・社長である2人の人間関係が良好で、波長が合う
・悩みを打ち明けることができる。相談を持ちかけることができる

もしこれらに当てはまるのなら、その人が会社売却候補の社長のひとりです。
前述のうちの仕事関係の取引先、ライバル会社を例にしてみましょう。

・お互いの会社の業態や状況を知っている
・社員同士のやり取りがあり、互いの業務内容、あるいは性格をよく知っている
・取引先であれば仕事の流れがすでにできており、ライバル会社であれば仕事の内容が似か

よっている

つまり、仮に取引先やライバル会社と会社エグジットした場合、機能的な面ではすぐにでも仕事を稼働することが可能で、さほど時間を要さず日常的に売上・利益を上げることができるのです。

いかがですか？　実に身近なところに、会社の売却先があると思いませんか？

ライバル会社とは組みにくい……、そう言われる方もたくさんいらっしゃいます。確かに、競合関係であるが故に、感情的なしこりはあるかもしれません。

しかしこれからは、シェアを奪い合う（テイクする）時代から協力し合う（ギブする）時代になります。昭和時代のような、競争しながらそれぞれが個別に大きく儲ける時代から、儲けをシェアする時代になってきているのです。これもニューノーマルのひとつのかたちです。

よく考えてみてください。同業同士がひとつになれば、次のような大きなメリットを手にすることができるのです。

・人手不足が解消
・ムダを省いて生産性をアップ

・値引き競争などのマイナス要因からの脱却

国はいま、中小企業の生産性を高める目的で、同業社同士が一緒になるように促しています。もちろん、同業社同士だけではなく、本書でも示しているように、異業種間でもシナジー効果を狙って、さまざまな会社エグジットが繰り広げられています。

まずは、自ら対象者を探すことができる点を知ってほしかったので、ひとつの考え方として紹介させていただきました。

さらにもうひとつ、自分で会社の売却先を探し出せる方法があります。それは、前章で紹介した「マッチングサイト」への登録です。

２０１９年、インターネットの広告費がテレビメディアの広告費を初めて抜きました。いまやネットは日常生活に欠かせないインフラになったということです。

日常的にネット上で人と人との出会い、モノの売り買いのマッチングが行われています。そして、会社同士の売買のマッチングサイトも複数登場しています。第7章でも触れますが、このマッチングサイトに登録し、売却先からのオファーを待つという方法もあるのです。

ポイント2　社長同士のコミュニケーションは大事な娘を嫁に出す要領で

長年に渡って会社を経営してきたあなたにとって、会社とはどのような存在でしょうか？

私の場合は「子供のような存在」でした。子供は、手がかかったほうが愛着が湧くものです。バブルショックの時は倒産寸前で持ちこたえ、リーマンショックの時は社員の3分の1を自宅待機させる状態にしてしまいました。

私だけではありません。会社の浮き沈みは誰でも経験していることではないでしょうか。

会社の創業期は脇目も振らず、会社を成長させるために、孤軍奮闘。

成長期に入ると、社員と一緒に、会社をもっと良くするためにチーム力を発揮。

そして、変革期。私もそうでしたが、あなたもどうしたら次のステップを踏めるのか、頭を悩ませたのではないでしょうか。

業績が厳しい時は泣かされ、好調な時は喜びを与えられる……。まさに、会社は子供のような存在です。

会社は常に一定ではありません。手塩にかけてこそ存続でき、価値が高くなるものです。放っておいても何の問題もなく、常に成長してきた会社はほとんどないでしょう。あったとしても、手がかかる子供より愛着は薄いはずです。

オーナーとして会社経営の執行責任を他の人に任せている場合も、そうではないでしょうか。しかし、中小企業の圧倒的多数は、オーナー＝経営の執行責任者です。常に自分と会社は一体なのです。

その愛着ある会社を手放すことは、まさに娘を嫁に出すことと同じような意味を持ちます。娘を１２０％幸せにしてくれる男に嫁がせたい。これが親心ではないでしょうか。

私の場合は息子だけで娘はいませんが、娘を泣く泣く嫁に出す複数の社長仲間を見、その心境を察するに、会社エグジットする時の私の心境そのものではないかと思わされました。

会社の売却先の社長と交渉する場合は、この「親心」を持って交渉に臨みましょう。娘である会社の、他社より優れた強みと他社にはない持ち味。それを具体的な数値も含めて提示し、売却先に最高のシナジー効果をもたらすことをメリットとしてPRするのです。必要なら、会社をエグジットする前に、会社を磨き（社員・顧客価値の向上、会社の弱点補強など）、価値を高めておいてもいいでしょう。

自分の娘の価値に自信を持ち、堂々と交渉しましょう。最初から妥協ありきの交渉は避けたいものです。

ポイント3　プロは共にゴールを目指す「相棒」

「相棒」というドラマを見たことはありますか？

２０００年からテレビ朝日・東映が制作して放送されている刑事ドラマシリーズです。

主人公は、水谷豊演じる杉下右京警部。

捜査の天才でありながら、警視庁の陸の孤島「特命係」に追いやられている右京のもとに、警視庁が送り込んだ人物が相棒です。

「妙ですねえ……」「おや？」「私としたことが」「最後に、もうひとつだけ」の名台詞にあるように、杉下右京は細部に渡って気になることを追求しようとします。

それを、島流しにあった立場の相棒がアシストしていくのですが、この20年余りの番組の中で４人の相棒が入れ替わりで登場しています。

相棒それぞれのタイプと得意分野は異なりますが、右京にとってはそのいずれもが必要不可欠な存在です。

それでは、会社エグジットの主役は誰でしょうか？

それは、中小企業の社長であるあなたです。

・会社エグジットをするべきかどうか
・会社の売却先はどこにするか
・いくらで売却するか

大雑把にいうと、この3つを「決断」するのは、社長であるあなたにしかできません。

とするならば、全体の仕切りをする主人公はあなた、一方であなたができない専門分野に関してはプロに依頼する設定にし、プロを相棒にして動いた方が現実的です。

全体を見渡す鳥の目を持つあなた、そこに、細部にこだわる魚の目を持つプロを組み合わせることを考えてみてはいかがでしょうか。


さて、プロとは誰のことをいうのでしょうか。

ここで、2種類のプロについて説明させていただきます。

①税理士・弁護士・社会保険労務士など、会社の顧問および顧問の人脈

私の会社は税理士・社会保険労務士と顧問契約を結んでいました。

税理士には、月々のP／L、B／Sの作成、税務処理などをお願いし、社会保険労務士には、

社会保険の手続き、労務相談、人事制度の設計などをお願いしていました。

税理士とは月1回、作成書類を見ながら翌月の経営について議論してきました。

社会保険労務士とは、人事制度の設計や労務トラブルについて一緒に対処してきました。

私にとっては、両者とも相棒だったのです（弁護士の場合は、顧問の社労士から紹介いただいた方に、必要がある際に相談していました）。


そして、私の会社エグジットの相棒は、顧問税理士でした。

ただし、気をつけてほしいことが2つあります。

顧問税理士は会社の懐具合をいちばん知っていて頼もしいのですが、会社エグジットそのものを生業にしている税理士はまだ少ない状態です。

また、会社をエグジットするということは、顧問契約が消滅する＝仕事を失うことになりますから、エグジットすること自体に抵抗する税理士も多くいることを覚えておいてください。

② 会社のM＆A（買収）・会社エグジット（売却）の専門家
この分野では、大きく分けて2種類の方式のプロがいます。

・アドバイザー方式……売る側、買う側、どちらかの立場に立って、会社エグジットやM＆A

を成立させる方式です。売る側のアドバイザーであれば、売る側から報酬を受け取ります。弁護士との契約に代表される方式です（民法108条で、同一の法律行為については、双方の代理人になることは禁止されています）

・仲介方式……売る側と買う側の双方の間に立って売買を成立させる方式です。この場合、両者から報酬を受け取ります。不動産契約に代表される方式です（民法108条の限定事項として、売る側、買う側があらかじめ許諾した行為については認めています）

※M&Aや会社エグジットの専門家とお付き合いする場合、どちらの方式がいいか、細かい契約事項はどうか、どんな専門家を選んだらいいかなどについては、他のたくさんの専門書に書かれていますので、本書ではあえて触れません。ご了承ください。

プロと会社エグジットを進める際の留意点はひとつ。すべての会社エグジット業務をM&Aアドバイザーや仲介業者に丸投げすることだけは避けてください。

成約金額によって報酬のパーセンテージが変わるレーマン式という報酬体系のケースが多く、着手金や月々の顧問契約料が発生する場合もありますから、結構大きな金額が動きます。

それを覚悟の上だとしても、鳥の目を持つのはあくまで社長であるあなたであることは忘れないでください。冒頭に記したように、最後に決断するのは自分です。積極的にプロを相棒として、自分にできない部分をお願いし、波長の合う相棒を選択してください。そして、陣頭指揮を執りましょう。

私の場合は、顧問税理士との相棒関係だけで会社エグジットできましたので、M&Aや会社エグジットの専門家と組むことはありませんでした。

さて、会社エグジットの流れの中で、大きなポイントが5つあります。

・会社の価値を金額にするといくらになるか
・さらに価値を上げるにはどうすればいいか
・マッチングする会社はどこか
・いくらで相手に交渉するか
・交渉後はどうするか

この中で、プロを必要とするのは、あなたにとってはどのポイントでしょうか?

なぜプロが必要か、ここで整理してみましょう。基本的に次の2つです。

・専門的なことや資格が必要なことは自分にできない
・手続きや資料の作成など、煩雑なことに時間を取られたくない私の場合、まずは自分でマッチングする会社を見つけ、税理士を相棒として一緒に会社の査定・相手との交渉を行い、交渉後のことは売却先と共に考え、実行しました。専門的なことや手続き・資料作成は、顧問税理士および顧問税理士の人脈を活用させてもらいました。

誤解を恐れずにいえば、プロは「先生」ではなく、現実的な「便利屋」と見立ててお付き合いしましょうということです。

査定は税理士、契約書の作成は弁護士、売却先探しはアドバイザーというような連合体をつくる手もあります。

「おや？」「もうひとつだけ」――。会社エグジットの成功というゴールに向けて、よき相棒とパートナーシップを組みましょう。

そうすることで、エグジットまでの納期が早まり、支払う報酬が適正になり、何よりも社長であるあなたの手腕で物事が進んでいくことになります。

ただし、全体に渡ってプロを相棒にしたいという場合、すべてのプロセスにおいて業務遂行経験があるアドバイザー、仲介者を相棒にしたほうがいいでしょう。その場合も、主役はあなたであることをお忘れなく。

ポイント4　会社を磨いて価値を高めよう

前項で述べたように、会社エグジットを進めていく上で、心強いプロの「相棒」が必要です。

あなたは、誰を相棒にしますか？

顧問税理士、弁護士、中小企業診断士……それは長年経営してきた中で、阿吽《あうん》の呼吸で共に物事を進めることのできる専門家でしょうか？

あるいは、あなたが陣頭指揮を執って全面的に関わってもらうアドバイザーや仲介者でしょうか？

相棒が決定したとします。次に、こんな心理が働くかもしれません。

1　会社の弱いところを強くしておきたい

2　会社の強みを整理し、もっと強くしておきたい

どうして、そのような心理が働くのか。

1　売却先から、しっかりした会社だと評価され、オファーを受けやすくしたい

2　会社の強みを最大化し、高く売りたい

これは、会社を売却する時の基本の心構えでもあります。まだその心構えができていないと

したら、ぜひ持っていただきたいと思います。

そして、この1、2を実行するためには、相棒の存在は欠かせないのです。

まずは、会社の現状を知ろう

「会社の磨き上げ」とは、売却前に会社の価値を上げる取り組みのことをいいます。

磨き上げれば、より良い買い手がスピーディーに見つかると同時に、譲渡価格が高くなる可能性があります。

それでは、磨き上げるためにはどうしたらいいのか？　もし、あなたが買い手だとしたら、あなたの会社を買いたいと思いますか？……そういう視点で見てください。たとえば、公私混同している会社を買いたいとは思わないでしょう。いったん原点に戻って、会社の強みと弱みを整理する必要があります。

ところで、当社はこれが強みだと的確に現状を捉え、言語化して口にできる経営者はどれだけいるでしょうか？　意外に少ないのではないでしょうか？

会社の現状を知る上で効果的な方法のひとつとして、「ＳＷＯＴ（スウォット）分析」をおすすめします。

ＳＷＯＴ分析とは、会社の強みと弱みという内部環境と、機会（追い風）と脅威（逆風）という外部環境を掛け算して言語化・数値化することです。

強みと機会を掛け算すれば、それが会社の強みになります。一方、弱みと脅威を掛け算すれば、それが会社の弱みになります。

会社磨きは「守り」と「攻め」の両面からアプローチしよう

会社磨きにおいて肝心な考え方は、次の2つです。

1　弱みを強みに変えることはすぐにできるわけではなく、時間がかかります。「弱みを克服してゼロに」というスタンスに立ち、いたずらに時間をかけないようにしましょう。

2　強みはさらに強くすることができます。長い期間をかけなくても、極限まで強めることができるのです。後はどれくらいの期間を設定するかです。

守りと攻めは、具体的には次のような範囲に対して手掛けていきます。

・守りの会社磨き……ＳＷＯＴ分析の中で自社の弱みを克服する時、３つの視点を持つことをおすすめします。それは、財務・法務・人事の視点です。つまり、社内体制の傷をなくすという、守りの会社磨きです。

・攻めの会社磨き……顧客と人材を磨けば、売却先から高い評価を得ることができます。基本、人材と顧客が強みじゃないと会社は続きません。つまり、その資産をさらに強くすることは、攻めの会社磨きになるのです。

会社磨きについての詳細は第2部の実務編でご紹介します。

ポイント5　周囲を幸せにしてから社長を卒業しよう

私が会社エグジットする際、自分に約束していたことがひとつありました。

それは、自分の第2の人生を幸せにスタートするためには、周りの大事な人たちの幸せを確保することが必要条件、ということでした。One for All の精神。「全員幸せの法則」です。

なぜそう思ったのか……、それは簡単な理由です。社長になった瞬間から、自分の体は公的なものだからです。そう思えるようになるまでに、私自身多くの時間を要しましたが……。

たとえば、社員や取引先のことを何も考えず、ひとりだけ売り逃げする社長は、その瞬間から迷惑な存在に変わるだけです。

また、自らの強い思いから会社エグジットを渋り、いたずらに時間を費やす社長も迷惑な存在です。

最近、ここ3年の間に複数の会社を買収している会社の重役に会いました。

彼は、こう言っていました。

「シナジー効果があるのであれば、会社は買収したい。そのほうが早く会社の成長を実現させることができるからだ」

さらに、こうも言っていました。

「でも、いくら欲しい会社であっても、中途半端に今までの権利を主張する社長の会社は絶対買わないね」


会社をエグジットした後の喪失感は、確かにあります。長年、我が子同然に付き合ってきたわけですから。しかし、権利を売却先に移し、今まで以上の価値になれば、それは間違いなく我が子を嫁がせてよかったという証になります。そう思いましょう。そして、あなたの第2の人生に向かって歩き始めましょう。

ひと言で言うと、「自分の家族、社員、取引先、ブレーンなどのステークホルダー（利害関係者）を、決して犠牲にしてはならない」ということです。

社長は会社を立ち上げた以上、公的な存在として周囲に大きな影響を与えます。だからこそ、会社を存続する選択肢として、会社エグジットという方法があるのです。

そして、周りのステークホルダーを幸せにしてくれる売却先との縁を作ることができれば、あなたは第2の人生をスタートさせることができます。

できるなら、短期間に、納得できる程度のキャッシュを手にして……。


もちろん、身内の親族や社員を育成して会社を存続させることもひとつの方法です。

また、社外から社長をスカウトすることも選択肢に入るでしょう。

ただしすでにお話ししたとおり、前者はたとえば10年、自分が社長として後継者育成を行う時間を費やす覚悟、後者は大きな資金を一気に動かすという金銭的な覚悟が必要です。しかしながら、ゴールド世代には、これらの選択に悩んでいる時間はそれほどありません。少なくとも一度、会社をエグジットすることを前提に、会社の将来を考えてみてはいかがでしょうか。

ポイント6　自分の限界に優しくなろう

会社は社長の器以上に大きくはならない——。

よく耳にする言葉です。自分自身を振り返ってみても、当てはまります。

バブルショックの当時、そんなものは自分の力できっと乗り越えられると、いきり立ったものです。30歳そこそこの若造社長の時代でした。気合一発です。

みなさんはいかがでしたか?

若い時は、自分には限界がないと思いこみ、無茶な行動を取るものです。うまくいく時もありますが、私の場合、このバブルショックをうまく乗り越えられず、倒産寸前まで急降下していきました。

きっと、その経験があったからだと思いますが、リーマンショックは、何とか乗り越えることができました。

3分の1の社員を、自宅待機から戻すことができませんでしたから、決して有能な社長とはいえませんが、倒産をギリギリのところで回避することはできたのです。

しかし、人間は歳を取っても懲りないものです。

50歳から3年間、幹部社員を後継者として育成しようとしましたが、うまくいきませんでした。前述したとおり、10年かけるべきところを、自分は3年でできると過信したからです。

年齢を重ねても、自分の限界値を知らずに暴走してしまう時はあるものです(60代のアラカンの自分への自戒の念も込めて)。

自分の器を知らなければ、過信して会社を危機に陥れたり、事業承継がうまくいかなかったりします。あるいは過小評価をしてチャンスを逃したりするのです。

会社エグジットする時も、自分と会社の器をしっかり量り、限界を越えて無理をしてはいけません。まずは、自分と会社の限界値を客観的に知る必要があります。

それでは、客観的に限界値を量るにはどうしたらいいでしょうか？

1．まずは自分の限界値の量り方

限界値を量るために、自分はなぜ事業承継しようとしているのかについて、マイナス面の本音を書き出してみることです。

・年齢的に限界
・健康不安があって限界
・事業意欲の減退による限界
・業績の悪化による限界
・身内（親族、従業員）の後継者不在による限界

理由は人によってさまざまでしょう。

しかし、共通していることは、もはや第三者に事業承継しなければならないほど「限界」に

近づいているのを認めることです。

そして、限界だからこそ、それを認めて自分に優しくなってほしいのです。

2. 会社の限界値の量り方

自分の限界値が本音で出てきたら、こう思うようにしましょう。

会社は子供のような存在だけれども、子供は自分のものではない。いつか子離れをしなくてはいけない……実はそれが今だ。そう思うことです。

そう思うことができたら、子供である会社を、客観的に評価することができるはずです。相棒と一緒に会社の価値を算定したり、強みをもっと磨いて価値を高めたり、マイナス面を修正してリセットすることができるようになります。

ただし、子供である会社の限界値をそのままにするということではありません。子供を成長させるのは今の自分ではなく、次の社長だ……そう思うことができれば、第三者への会社エグジットに対する抵抗はなくなるのではないでしょうか。

そのような視点で探せば、会社の売却先が見えてくるはずです。

もう、無理をするのはやめましょう。できる人や会社に、事業を承継しましょう。

そのほうが、自分が大事にしてきた会社が、もっと輝く存在になるのではないでしょうか。そして、あなたの第2の幸せな人生に思いを馳せましょう。

ポイント7　事業承継のスタートは大切な人に相談することから

あなたは今、会社の行く末を心配して、ひとりで悶々としていませんか？

後継者がいなくて会社の将来が不安。でも、手をこまねいていたら、いたずらに時間が過ぎていき、不安が増幅していくだけ……。これではいけませんね。

まずは、現在の自分の立ち位置を確認してみましょう。

▼時代……2025年は「大廃業時代」になるかもしれないと言われています。しかもコロナ禍で、その流れが加速しているようです。ということは、これまでに手をこまねいてきた事業承継を、今やらざるを得ないということになります。廃業になるかもしれないという不安を払拭する、千載一遇のチャンスと捉えたらどうでしょうか。いわゆる、「今でしょ！」です。私も、55歳までに事業承継したいと意思決定して動き出したのが50歳の頃ですから、スタートするにはいい時期だったのではないかと思います。

▼相談相手の有無……社長という立場は、周りからの相談ごとには慣れていても、自分から誰かに相談することには慣れていないものです。良くも悪くも、プライドがブレーキをかけてしまうのです。

会社を経営していく上で、税理士や社労士などのプロに相談することは、日常的によくあることですが、彼らには事業承継における「相棒」になってもらいましょう。

その前に、人生の一大事に遭遇した時、自分のプライドを外して相談できる人はいますか？それは誰でしょうか？

本音を言えて、その話を口外しない、一番信頼する相談相手を呼び寄せましょう。

私の場合、バブルが弾けた1992年、相談する相手は家族しかいませんでした。会社を創業して3年。一大事の時に、相談する相手を外部に求めることは当時できなかったのです。

両親とは、半年間で会社を軌道に乗せることができなければ、サラリーマンに戻って借金を返すという約束をしました。そのときは半年で業績をプラスに転じることができ、1年で会社を再度軌道に乗せることができました。

相談相手は、実はごく身近にいるものです。そして、その後長い間経営を続けるうちに、身近な相談相手が増えていったのです。私の場合は次のような人たちでした。

・共に地域の貢献活動を行い、経営者の資質を磨き合う経営者団体の社長仲間
・仕入先の経営渉外スタッフ
・同じ業種の会社社長

・3人のベテラン社員
・自分の息子
・仕入先の会社の幹部

彼らに相談を持ちかけることで、事業承継の道筋が徐々に見えてきたのです。もし誰にも相談していなかったら、私は違う方向に舵取りをしていたことでしょう。第三者に会社エグジットするのではなく、ずっと社長の椅子にしがみついて、独自路線を模索しながら会社を残そうとしたはずです。

その結果、社員の数を半減させ、新しい事業に手を出し、私自身が現場を飛び回り、体力は衰え、顧客との取引はじり貧になっていったでしょう。結局は、〝迷惑廃業〟の道を選んでいたかもしれません。あるいは、のちのち会社エグジットに考えが至ったとしても、会社の価値は相当低くなっていたことは間違いありません。

そう考えると、一大事を相談できる相手がいることは幸せなことです。プライドとか恥という次元ではありません。プロを相棒にする前に、家族や社長仲間、ベテラン社員など、大事な利害関係者に相談を持ちかけることをおすすめします。

column コラム②

オールドタイプの社長100人に聞きました

事業承継がうまくいかない人の思考パターン【色眼鏡編】

会社を売るよりも社長をスカウトしたほうがいいと思っている

確かに、社長スカウトも事業承継のひとつの方法です。私も会社エグジットの際、取引先の社員をスカウトしました。そこで、いくつか質問です。

①あなたにスカウトする対象者がいない場合、最初は次のどちらの方法を選びますか？

a．人脈を手繰《たぐ》ったり、マッチングサイトを使って出会いを作る

b．会社売買のアドバイザーや仲介者に頼む

②スカウト対象者のポジションはどうしますか？

a．社長としてのポジションを最初に用意する

b．部長や取締役から段階的に社長を目指してもらう

③年俸はいくらで打診しますか？
a．自分の年俸より高く
b．自分の年俸より低く

④何年、社長をやってもらう契約を結びますか？
a．３年
b．１年

社長の人徳や人間関係の強さにもよりますから、誰にでも当てはまる１００％の答えはありません。

ただひとつ言えることは、相手に本気を伝え、相手が心を動かすのはいうまでもなく、①〜④ともaということです。

私の場合は、①と④はaでしたが、当初、②と③はbでした。最終的には、すべてaにすることでスカウトに成功したのです。

第3章

人生最高の「断捨離」をすると、欲しいものがさらに手に入る

重いものをみんな棄てると、
風のように歩けそうです。

（高村光太郎／詩人・彫刻家）

人生100年時代、社長リタイア（引退）後の人生は余生ではない

前章では、会社エグジットする場合のポイントをイメージしてもらいました。

それでは、あなたにとっての会社エグジットのメリットは何でしょうか？　いくつかの観点から見てみます。


かつて55歳だったサラリーマンの定年退職が60歳から65歳へ、そして70歳へと移ろうとしています。あなたは、この流れをどう受け止めますか。

政府をはじめ、世の中は人生100年時代を見据えています。平均寿命が100歳になるころ、日本人の平均年齢は50歳を超えるといわれています（その時の健康寿命は80歳と予測されていますから、100歳との差の20年間に寝たきりになるのは勘弁してほしいところですが……）。

30～40代のサラリーマンに長寿社会について聞いてみると、2つの捉え方に分かれます。

・ずっと働き続けるのはつらい
・いろいろなことができるから楽しい

前者は、ひとつの仕事をずっとやり続ける自分を想像して、ため息が漏れている状態です。後者は、今の仕事に固執せず、副業・転職・起業を織り込んでチャレンジすることにワクワクしています。

ここでひとつのデータを紹介します。

将来は人生100年時代ですが、では、会社の平均寿命は何年なのかご存知ですか？

答えは、23・3年です（「倒産した企業の平均寿命」／2020年東京商エリサーチ調査）。

つまり、ひとつの会社に勤めたとしても、定年まで働くことはできないということになります。定年を延長したとしても、ずっと働き続けることは現実的ではないということです。

転職することが当たり前となった場合、どうしたらいいでしょうか？

当然、自分の仕事能力を必要に応じて磨いていかなければなりません。

副業などで起業の可能性を探り、時機を見て起業するという生き方もあります。

「いろいろなことができるから楽しい」――。これが、ニューノーマルな生き方になるのです。

そんな中、長年社長を続けてきたあなたにとってはどうでしょうか？

仮にあなたが60歳以上の「ゴールド世代」とします。

会社エグジットした後の人生を余生と捉えますか？　それとも、身軽になって、今までできなかった一番やりたかったことに着手しますか？

人生100年時代、ゴールド世代は、文字通り「ゴールド時代」を謳歌したほうがいいに決まっています。それが、ゴールド世代に続く若い世代の刺激になり、ひいては日本を活性化することへとつながるのではないでしょうか。

会社の生きざまから「オレの生きざま」にモデルチェンジ

あなたは、どれぐらいの年月にわたり、会社を経営してきたのでしょうか。

もし今、後継者がいないのなら、そろそろ生きざまを変える時期なのかもしれません。

ゴールド世代の経営者は、日本経済をけん引してきたという自負を持っています。そして、「他社とは違い、私の会社の特徴はこうだ！」という競争社会の中で、他にはない独自の方針を打ち出してきました。


ひと言で言うならば、そこには会社の社長としての「生きざま」があったのです。

ところが、その生きざまにあこがれてついてくる若者は今となってはもはや少数派です。若者は会社人間であることを嫌い、自分のライフスタイルをあえて会社向けに変えようとはしません。身内から後継者が誕生しないのは、そのような価値観の違いもあるのでしょう。

これから社会をリードしていく若者にとって、「生きざま」とはあくまで個人的なものであり、経済活動に重ねるものではないと思っていると考えた方が気が楽です。

ですから、あなたはこれからは、「オレの生きざま」に生き方を変え、自身のゴールド時代を楽しむ生き方をすればいいのです。

さて、あなたは個人としての生きざまを何に求めますか。

すでにさまざまな経験を積んできたあなたですから、楽しみながら決めてみてはいかがでしょう。

私の場合は現在、学生時代からの夢だった執筆活動を行っています。

ホームページのブログの執筆のほか、1冊の小説と1冊のビジネス本を自費出版、1冊のビジネス本を電子出版しました。そして今回ご縁があって、みらいパブリッシングさんから本書を出版することができました。

第5章で、会社エグジットのタイプ別の体験談が出てきますが、私の場合は、「ペガサスタイプ」です。以前から抱き続けてきた夢をいよいよ実現するタイプに該当します。

いずれにせよ、オレの生きざまにモデルチェンジできたのは、明らかに会社エグジットが実現できたからです。

あなたのこれからの「オレの生きざま」は、若者にとって学ぶべきもの、魅力的なものになるかもしれません。日本経済をリードしてきたゴールド世代。これからは、オレの生きざまに目覚めましょう。

もう、人の背中を見ながら生きる必要はない

我々60歳前後のアラカン世代は、日本経済をリードしてきた団塊の世代の背中を見ながら生きてきました。私が社会人になった頃、団塊の世代は30代の光り輝く世代でした。「俺の背中を見て覚えろ」と、細かいことは教えてくれなかった半面、何かミスやトラブルがあると、率先して責任を取ってくれる頼もしい兄貴たちでした。

仕事以外でも、趣味でアメ車を乗り回したり、ビートルズから影響を受けたグループサウンズが一世を風靡したり、ライフスタイルや文化面でもリーダーシップを取ってくれました。

1960~70年代の「安保闘争」をはじめとする学生運動の主役となり、政治面でも活躍していた世代でもありました。

つまり、圧倒的なリーダーシップを持って、日本を動かしてきた存在なのです。アラカン世代にとって、常に自分たちの人生の前を歩いていた、憧れの存在だったのです。

ところが、平成の「失われた30年」によって、彼らのリーダーシップは減速し、我々自身が自立して世の中のリーダーになる必要が出てきました。

団塊の世代と向き合ってみると、今までの日本を動かしてきたというプライドは相当強いものがあり、そのプライドゆえに、会社を事業承継することに抵抗を示してきたのではないか……、そう感じてしまうのは私だけではないでしょう。

一方、競争社会から抜け出て、仲間とシェアする価値観を身につけた我々の次の世代は、先輩の背中を見て追うことなく、経営者仲間は互いに仕事や利益をシェアするのが当然という価値観を持っています。

そんな中、アラカン世代はどのような位置づけになるでしょうか？

団塊の世代と次の世代の間に存在していますから、どちらの価値観も理解できる世代といっていいでしょう。

私はこう考えます。

背中を見るのではなく、向き合うのでもなく、団塊の世代、アラカン世代、次の経営者世代が横並びでフラットな関係をつくり、お互いの生き方をシェアしていったらいいのではないか……と。

そのような視点に立つと、世代間において会社エグジット案件が豊富に生まれるのではないでしょうか。アラカン世代が、団塊の世代と次の経営者世代を結び付けることもできるのです。

中小企業庁「令和元年度（2019年度）の中小企業の動向」

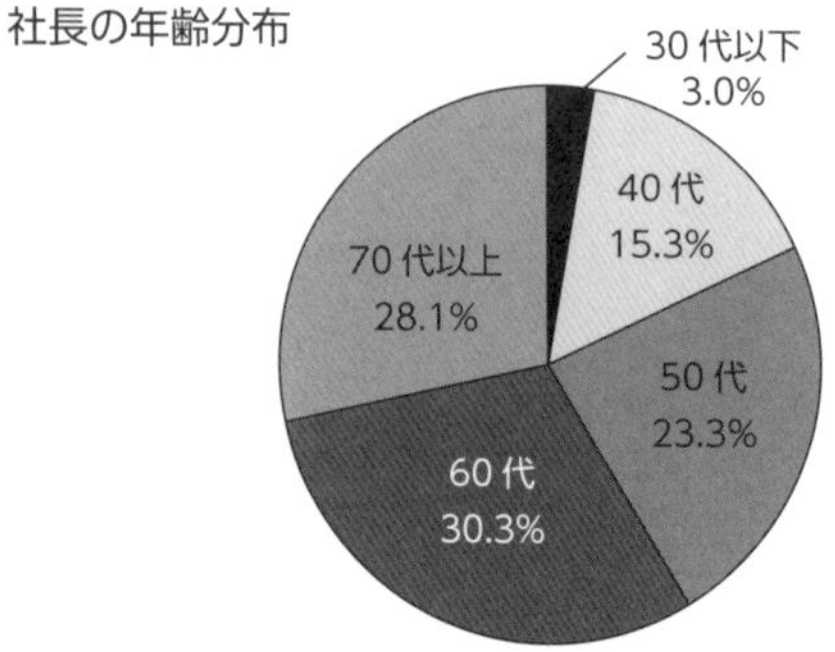

資料：㈱東京商工リサーチ「全国社長の年齢調査」

図2　高齢化によって、60歳以上の社長は約6割

経営者全体の中で、60歳以上の社長は約6割に達しています（図2）。過半数がゴールド世代なのです。

事業承継は世代交代でもあります。フラットな関係をつくり、お互いの立場を尊重しながら会社エグジットしたいものです。

会社から社会にステージをチェンジする

会社エグジットによって、あなたの利害関係者が幸せになり、引き継ぎも完了した暁には、あなたの生活はどうなっているでしょうか？

大きな責任を伴う会社生活は、スッキリ断捨離していますね。大事な娘を嫁がせた後の寂しさは残るものの、全くもって心身ともに身軽になっていることでしょう。

私の場合はそうでした。寂しさはなかなか消えるものではありませんでした。今までの数十年にわたる習慣がなくなるわけですから戸惑いも生じます。

ただし、会社売却後の社員の定着、裏方として顧客フォローをする顧問の役割がありましたので、社員の成長を見守ることができましたし、重要顧客の社長にも会って話すことができました（第2部でご説明しますが、これは会社売却後に大事になる「統合（ＰＭＩ）」という引き継ぎ作業のことです）。

統合の仕事は残っていましたが、日々たくさんの時間を要するものではありませんでした。よって、今までとは違い、自由な時間を謳歌できるのです。

とはいっても、手がけることがなければ、いたずらに時間を持て余してしまいます。

あなたなら、そのあり余る時間を何に使いますか？

私からのひとつの提案ですが、あり余る時間の一部をあなたと社会が直接つながる時間に充ててみてはいかがでしょうか。

あなたが会社エグジット後に新しいネットワークに加わったとします。そのネットワークを拡大する時期はいつがいいと思いますか？

それは最初の3カ月間のようです。

ドイツのフンボルト大学のジェンス・アセンドルフ氏が、大学に入学した1年生を18カ月間追跡調査をしたところ、ネットワークは最初の3カ月間が過ぎると、ほとんど拡大しないという結果になったようです。

あなたは大学生ではありませんから、もう少し時間を掛けられるかもしれません。また、会社の統合中に、ネットワークを作っておくこともできます。いずれにしても、最初が肝心ということです。

大きな責任をもって会社経営してきたあなたです。これまでは、会社という存在を媒介にして社会貢献してきました。社会貢献の醍醐味を知っているわけですから、意識は高いはずです。今度は立場を変え、あなた自身が一個人として社会に貢献するというスタンスに立つというのはいかがでしょうか。大きな転換ではありません。会社から社会にステージをチェンジするだけです。

次のステージで新たなインプットを!

今までやったことがないけれど、いつかはやってみたいと思っていることはありますか?それが学習や趣味に関するものなのか、新たなビジネスにつながるものなのかは別として、思いっきりのめり込めるものがあったら、さぞや楽しいでしょう。

誰にも遠慮する必要はなく、自分の好きな時間を使って自由気ままに、新たなインプットをすればいいのです。

社長だった時代は、インプットよりもアウトプットが多かったはずです。

あなたは、経験によって今までに得てきた情報をアウトプットすることにより、社員や取引先の成長に寄与してきました。

もちろん、ネット時代の今、インプットしなくてはいけない情報は誰しも多々ありますが、今までの経験や生き方を基にしたあなたのアウトプットが周囲にとっては大きな刺激になっていたことでしょう。

しかし、会社エグジット後は自分の世界が前に広がっているだけです。

その世界にお金をかけるか、時間をかけるか、それとも両方か。そこにあなた自身がゼロからインプットする情報があるとしたら新鮮ではありませんか?

何もかも新鮮に映った社会人1年目の頃の経験を思い出してみましょう。

ワクワク、ドキドキしながら日々インプットを重ねていき、その後自信を持って人にアウトプットできるようになった感動を、原点に帰ってもう一度経験できるのです。

新しいインプットは、あなたのまだ見出されていない才能を引き出すことにつながるはずです。次のステージで新しい自分の可能性に出会うことができます。それを磨く時間は十分にあるのです。

できることなら、会社エグジットを計画する前に、次に自分にインプットするものをプランニングしてみてください。ワクワク、ドキドキすることに早く着手したいと思えるプランを描いてみてください。それは、自ら会社エグジットをプロデュースし、早期に成し遂げようとするためのモチベーションになるはずです。

私も、「いつまでに本を出版したい」という目標があったので、期限を設けて会社エグジットを計画し、実行しました。

80代を越えてチアリーダーやDJとして活躍している人たちがいます。チアリーダーの人は60代から、DJの人は70代から学び始めたようです。

アメリカの経営学者、ピーター・ドラッカーの著書の3分の2は60歳からのものです。ケンタッキーフライドチキン（KFC）の生みの親、カーネル・サンダースがKFCのフランチャイズビジネスを始めたのは65歳からでした。

何を始めるかに年齢は関係ありません。まさに、「年齢フリー」なのです。

経営者のあなたには直接関係ありませんが、本来なら、世の中から「定年」という言葉をなくすべきです。仕事を終えるのが定年などという概念は、今の時代、通用しないからです。

会社エグジットを折り返し地点と思って、自分のゴールド時代を創りましょう。

金銭面で見ても廃業より会社エグジットが断然有利

後継者問題をそのままにしておくと、大廃業時代に巻き込まれるというお話を第1章でさせていただきました。

新型コロナウイルスのまん延によって、その将来が速度を上げ、目の前に立ちはだかろうとしています。会社を廃業するとどうなるのかの概要を説明しましょう。

会社を清算するわけですから、余剰金から負債を差し引いて残ったお金を受け取ることになります。

ここで、注意しなければならないことがあります。詳しくは第2部で比較表をもとに解説しますが、廃業の場合、会社エグジットに比べ、多くの税金を支払うことになってしまいます。

一方で会社エグジットの場合は、会社が将来生み出すであろう利益や人材・顧客資産などの「のれん代」が現在価値に加算されます。このため、清算してしまう廃業とは異なり、金銭的にも会社エグジットのほうが明らかに有利になります。

さらに、廃業の場合、家族や社員、取引先、金融機関などの利害関係者に迷惑をかけてしまうケースが多いことも覚えておきましょう。

今のうちに会社の価値を査定し、会社エグジットできる可能性が少しでもあるのなら、時を移さず、会社エグジットの動きを取るようにしましょう。

廃業するしかないと思い込んでいた方が、あらためて会社の強みを発見して会社エグジットに成功するケースがあります。また、会社磨きをすることで会社エグジットできる見込みが立つ場合もあるのです。

本書の第2部で、会社エグジットするための「オーダーシート」をつくるまでの具体的なプロセスを示しました。

自分の会社の良さを再発見するために、ぜひ一度トライしてみてください。

column コラム③

オールドタイプの社長100人に聞きました

事業承継がうまくいかない人の思考パターン【色眼鏡編】

「ハゲタカ」「敵対的買収」……M&Aはバッドイメージ

あなたは、M&A＝会社を売ることだと考えていませんか？

実は、その逆です。

MはMergersの略で「合併」、AはAcquisitionsの略で「買収」という意味です。

厳密に言うと「M&Aする」というのは、買収側の能動的な言葉です。売却側は「M&Aされる」という受動的な言葉になります。

M&Aに関する本は世の中にたくさん出版されていますが、そのまま買収側の立場に立ったり、売却側の立場に立ったり、双方を含んでM&Aという言葉を使って書かれていたりします。

そのため、何を指してM&Aというのかを即答できる人は、案外少ないようです。

M&Aすることも、されることも考えたことのない社長や一般の人にとっては、意味不明の言葉だったりします。

ニュースやドラマに登場する「ハゲタカ」や「敵対的買収」という言葉が、M&Aをバッドイメージにさせている面もあるでしょう。

さて、会社は最終的に廃業するか売却するか、その2択しかありません。売却する対象者が、親族・従業員の身内か、第三者かの違いだけです。

その中で、第三者に買収されることをM&Aと表現しているに過ぎないのです。

一方、会社を譲渡する対象を、親族や従業員にした場合、「後継者」と呼びます。決して、第三者の売却先の社長を、後継者とは呼びません。

これはおかしいとは思いませんか？

事業承継する対象者が第三者に変わっただけですから、第三者を後継者と呼んでもおかしくはないのです。

どうやら、M&Aに対するバッドイメージや意味の曖昧さが、会社の売買への抵抗感を生んでいたのは間違いではなさそうです。

これからは、「(身内の)後継者がいない!」から、「(外部に)後継者がいる!」にパラダイムシフトしていく時代です。

第4章

名著から学ぶ、第二の人生を謳歌する方法

発見の旅とは、新しい景色を探すことではない。
新しい目で見ることなのだ。

（マルセル・プルースト／フランスの作家）

これからの時代をリードする3冊の書籍

昭和時代は№1を狙う「競争社会」、平成時代は個人を大事にする「ネット社会」。私はこのようにネーミングしてみました。

さて、令和は何の時代でしょうか？

あなたなら、どのようなネーミングをしますか？　たとえば、お互いが協力し合う「シェア社会」というのはいかがでしょうか。

本章では、これからの時代をリードする３冊の書籍を通して、シェア社会における会社エグジットを捉えてみます。

▼３つの「将来資産」をつかもう

『ＬＩＦＥ　ＳＨＩＦＴ　１００年時代の人生戦略』

リンダ・グラットン、アンドリュー・スコット著／池村千秋訳／東洋経済新報社刊

すでにご存じの方も多いと思いますが、世界的なベストセラー本です。

人生１００年時代の到来で人生の新しいステージが現れ、変化を余儀なくされる中、もはや

過去のモデルは役に立たない、新しい生き方をしよう。そう提言している1冊です。

この本の中では、これから持っておきたい3つの資産が紹介されています。

1　所得を増やす「生産性資産」
2　心身の健康と幸福を増やす「活力資産」
3　自分を熟知し、多様な人的ネットワークを活用できる「変身資産」

この3つの資産を持ち合わせていないと、これからの時代を生きていくことが窮屈になってしまうというのです。

これを、事業承継に当てはめてみます。

後継者問題で悩んでいる中小企業の社長が、次の3つの資産を得たらどうなるでしょうか？

1　キャッシュという生産性資産
2　ストレスフリーという活力資産
3　新しい人的ネットワークという変身資産

この3つの資産を早期に手に入れるための方策。

それは会社エグジットすることです。

会社エグジットによって売却益という生産性資産を手にし、大きな責任という荷物を下ろし、ストレスフリーという活力資産を得、社長としてではなく、個人のつながりの中で自分の生き方を変えていく変身資産を手に入れるのです。

この中で、躊躇しがちなのが「変身資産」です。

社長だから確立できた社内や業界内の人的ネットワークは、会社エグジット後にそのまま活かせるわけではありません。

あなたが会社エグジット後に何をやりたいか。それによって人的ネットワークという変身資産が見えてきます。なぜなら、志をひとつにする人間たちのコミュニティをネット上で検索でき、そこに参加することで、新しい世界をつくっていくことができるからです。

前章でお話ししたとおり、会社エグジットを考えるなら、まずは自分を見つめ直し、事前にこれからの生き方を見つけておきましょう。逆に、これからの生き方を決めたならば、会社エグジットすることがごく自然な行動に思えてくるからです。自分が何に変身するか、楽しみながらじっくり考えてみてください。

また、すでにいくつかのコミュニティに参加したり、SNSで多様な人たちとつながっているのなら安心です。会社エグジット後に、そのネットワークにおけるつながりはさらに強まり、あなたの変身をリアルに後押ししてくれることになるでしょう。

▼会社の価値を高めて完全にバトンタッチ

『FACTFULNESS』

ハンス・ロスリング、オーラ・ロスリング、アンナ・ロスリング・ロンランド著／上杉周作、関美和訳／日経BP刊

この本も、世界中で読まれている本です。

ありがちな思い込みを正し、事実に基づいて世界を正しく見ることを示唆した内容で、とんでもない勘違いを観察し、そこから学んだことをまとめています。

本書の中では、10の本能を紹介しています。

その中で、いちばん自分の判断を鈍らせてしまうのが、10番目の「焦り本能」というもの。ほかの9つの本能――分断、ネガティブ、直線、恐怖、過大視、パターン化、宿命、単純化、犯人捜し、のすべてにこの焦り本能の要素が含まれているというのです。

焦り本能とは何か。

それは、「今すぐ手を打たないと大変なことになる」という思い込みです。

今すぐ決めろとせかされると、批判的に考える力が失われ、拙速に判断し行動してしまうというものです。この焦り本能を抑えるためにはどうするか。

その対処法は、まずは自分の焦りに気づくこと。そして、データと客観的な分析に基づいて行動すべきと説いています。ただし、過激な行動は副作用を生みやすいので、地道に一歩一歩進みながら効果を測定したほうがいいとしています（本書では、感染症の世界的な流行についても言及しており、警鐘を鳴らしています。新型コロナウイルスの発生を予言するような視点に驚きを感じました）。

これを、事業承継に当てはめてみます。

コロナ問題により、業績が悪化してしまい、このままではそのうち廃業することになってしまうかもしれない……そんな焦り本能が顔を覗かせます。さらに進展し、タダで売れたらしめたものと考え、廃業したら借金を背負ってニッチもサッチもいかないと、焦り本能がさらに増幅していきます。思考が停止し、判断を誤ってしまうのです。

まずは、会社の価値が金額にしていくらになるかを査定してみましょう。

今ある財産と負債、1年後の業績予測、業績を伸ばす手段があるかどうか、データ化してみるのです。会社の将来を客観的に分析してみましょう。

たとえば、顧問税理士など、相棒のプロに協力してもらうといいでしょう。そうすれば、適正な価格で会社エグジットする可能性を見つけることができ、売却先候補に足元を見られずにすみます。

思い込みではなく、客観的な数字や事実を基に判断していくことで、焦らずに状況を見据え、判断できるようになるのです。

▼ニュータイプの社長から最新の生き方情報を取り入れてアップデート

『ニュータイプの時代　新時代を生き抜く24の思考・行動様式』
山口 周著／ダイヤモンド社刊

新時代を生き抜くための思考と行動様式を記した本です。

従順で、論理的で勤勉、責任感の強い「優秀な人材」をオールドタイプと称し、今後急速に価値を失っていくゾーンの人たちとしています。彼ら彼女らは20世紀の後半から21世紀初頭にかけて評価された人たちです。

一方、自由で直感的、わがままで好奇心の強い人材をニュータイプとし、今後大きな価値を生み、評価され、豊かな人生を送ることになる人たちとして位置付けています。

そして、オールドタイプは奪って独占する人、ニュータイプはシェアしてギブする人と規定しているのです（中世から産業革命までの1000年以上の歴史においては、シェアしてギブする人が主流だったそうです。共有・シェアする土地を「コモンズ」と呼んだとのこと。古くは、ニュータイプの考え方が主流だったようです）。

さて、これを事業承継に照らして考えてみましょう。

現役をキープし、会社をなかなか手放さないオールドタイプの社長は、会社の価値をジリ貧にさせていきます。年齢を重ねていくと、時代の潮流を見る目が衰え、変化を嫌うものです。オールドタイプは今までの経験が役に立たない「経験の無価値化」を認められないため、新しい経験で起きるであろう失敗への恐れとストレスから、リセットが難しいのです。

一方のニュータイプならば、状況が変化した場合、意見を言うか、現状から逃げるかのどちらかを選びます。ニュータイプの経営者はいずれかの行動を起こし、変化に対応して生きていけるのです。

時代は変化しています。コロナ禍によって業績が悪化した会社は数多く存在します。働き方改革のひとつであるテレワークによって、会社＝通勤する場所とは必ずしもいえない「ニューノーマル」の状況になりました。事業承継においても、変化を受け入れる時代が来たのです。

それでは、その変化を自分の中に取り入れるためには、どうしたらいいのでしょうか。

それは、ニュータイプと交流して新しい価値を発見し、これからの生き方をアップデートすることです。事業承継する相手の多くは、ニュータイプであることを忘れないでください。

ニュータイプの生き方に着目し、彼らの言葉に耳を傾けましょう。ニュータイプとの間に信頼関係を築くことができれば、会社エグジットは現実化していくはずです。

会社をなかなか手放せないオールドタイプは、ニュータイプの価値観を取り入れ、「ハーフタイプ」になってみたらどうでしょうか。

column コラム④

オールドタイプの社長100人に聞きました

事業承継がうまくいかない人の思考パターン【本音・不安編】

そろそろ健康問題が気になる

ここまでのコラムでは、健康に問題がなく、ずっと経営者を続ける自信がある人への警鐘を鳴らさせていただきました。

ここでは、そろそろ健康のことが気になりはじめ、早く事業承継しなければ会社の存続が危ないと、不安を抱えている人へのお話です。

私の場合、リーマンショックの時期に1年ほど病を抱えたわけですが、すぐに着手したのは後継者を育成することでした。期限は3年、遅くとも5年後には後継者への事業承継を終えることを目標にしました。

ところが、後継者の育成にはことごとく失敗し、気がつけば3年の月日が経っていました。あと2年、そう思って見つけた方法が同業社への「会社エグジット」でした。

そして、1年以内に会社を売却し、その後は顧問として会社統合を側面から支えることができたのです。

事業承継の形は変わりましたが、最初に決めた期限までには事業承継することができました。同時に心身の健康も取り戻すことができました。

その経験からのアドバイスは、〝健康問題で不安を覚えたら、事業承継のスイッチが入った〟と思ってくださいということです。

その上でプランを立て、期限を決めましょう。

病を抱えながらの社長業は荷が重いものです。

社員や取引先にも不安が広がり、業績が落ちていくことは免れません。健康不安は、事業承継を検討するタイミングのスタートラインと捉えましょう。

第5章

あなたはライオンタイプ？
それともエンジェルタイプ？
――タイプ別診断とエグジット事例紹介

人間は夢を持ち、前へ歩き続ける限り、
余生はいらない。

（伊能忠敬／江戸時代の測量家）

タイプ別のチャート式診断テストにトライしてみよう

ここまでは、事業承継における会社エグジットがニューノーマルになってきている実態と、そのメリットについてお伝えしてきました。

あなたの問題として、興味を持っていただけましたでしょうか？

「トライしてみようかな」と思った方から、「事業承継の大切さは再確認できたけど、まだアクションまではね……」という方まで、捉え方はさまざまでしょう。

第2部の「全員が幸福になるためのアクション」編に入る前に、ここで少し息抜きしてみましょう。会社エグジット後の人生が垣間見える、タイプ別のチャート式診断テストを用意しました（図3／以降のチャートや図表は巻末でご案内するＱＲコードやＷｅｂサイトからダウンロード可能）。

会社エグジット後のあなたの人生はどのタイプに入るでしょうか？　一度トライしてみましょう。タイプ別にひとつずつ私が実際に出会った方々による事例を取り上げてあります。会社エグジットする場合の留意点も加えました。

あくまで、これからの方向性を決める際の参考として試していただければ幸いです。

タイプ別・愛の会社エグジット後のあなたの人生は何タイプ？

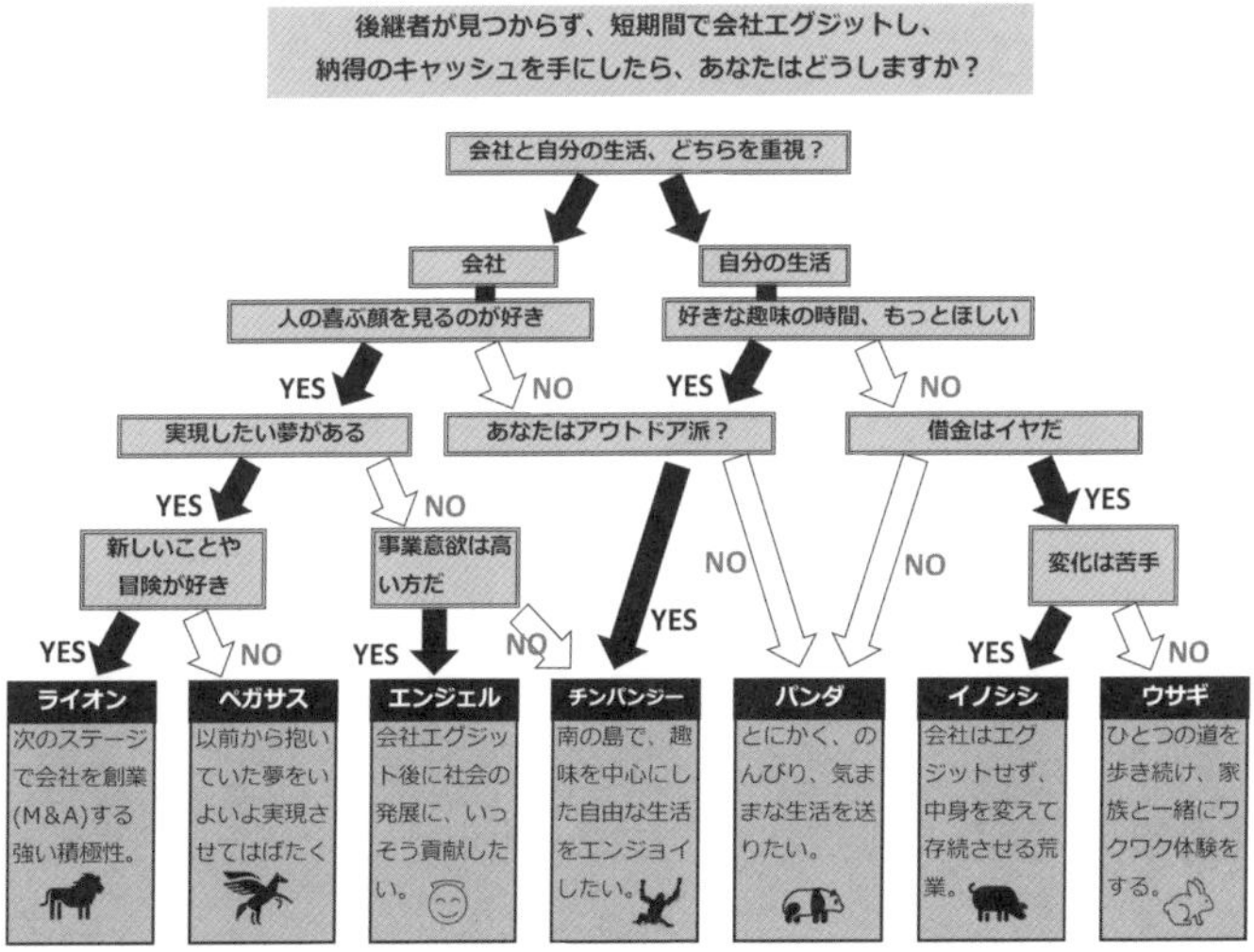

図3　タイプ別チャート式診断テスト

ライオンタイプ

次のステージで会社を創業する強い積極性

▼身軽で自由。飲食・衛生コンサルタントとして全国をステージに活躍

会社エグジット後：飲食店経営→飲食・衛生コンサルタント

大阪で中華レストランを開業して一時代を築いたSさん。リーズナブルなコース料理が評判を呼んできました。

Sさんは後輩の飲食店オーナーたちに慕われる存在で、後輩が困っている時は、親身になって相談に乗ってあげていました。

私の顧客から、「社員のモチベーションが高まるような講演のできる人を紹介してほしい」と相談された時、真っ先に浮かんだのが経験豊富で話術にも長けたSさんでした。

Sさんは50代半ばの時、自分の飲食店だけに長年関わっていることに物足りなさを感じたと言います。

もっと身軽に、たくさんの飲食業態に自由に関わっていきたい。その気持ちが時間と共に強くなっていき、彼はタイミングが訪れたと思った時、同業の親しい経営者に会社を譲ることにしました。

会社エグジット後にSさんが手がけた事業は、飲食コンサルタント業でした。

新会社を立ち上げて間もなく、飲食店を開業したいという相談が知人から舞い込みました。その後、Sさんの人脈は全国に広がり、北海道から沖縄まで、たくさんのオファーが届くようになりました。

新業態のラーメン店を開業したいという東北地方の店主からのオファー、目玉商品を開発してほしいという九州地方の土産店からのオファー……、彼は興味の赴くままに全国をステージに活躍していったのです。

自社店舗の経営に限界を感じ、ストレスがたまっていたSさんは、会社をエグジット後に新しい事業の道を歩み、水を得た魚のようでした。

そんな中、コロナ禍によって、食品衛生の相談を受けることが多くなり、いくつかの衛生商品の開発にも携わるようになりました。Sさんは2社目の会社を興し、「食品衛生コンサルタント」の事業を加えることになりました。

「何事にも縛られず、自由に動き回ることで新しい事業に関わることができる。それが社会貢献につながるのなら、さらに大きなやりがいをつかむことができる」

彼はそう言います。時代が、彼のノウハウとアイディアを求めているようです。

Sさんの飲食店は人気があり、そのまま続けていても収益はあったでしょう。独自のノウハウとアイデアを持っていましたから、コロナ禍の影響を受けたとしても、会社を存続させることはできたはずです。

しかし彼はどうしても広い世界でチャレンジしてみたかった。その強い願望を実現させる時期が来た時、それが彼の会社エグジットのタイミングだったというわけです。

たとえ、コロナ禍にあったとしても、彼は会社エグジットを迷わず選んだことでしょう。

着目ポイント

経済には浮き沈みがあります。会社エグジットしたい時、コロナ禍などによって日本経済が減速していることもあり得ます。あなたがその時、会社エグジットするかしないかは、極めて個人的で微妙な問題です。業態や経営方法によって業績が悪化している場合もあれば、伸びている場合もあります。意思決定を図る時、その状況における選択に迫られることがあるでしょう。ただし、緊急事態に遭遇したとしても、ひとつだけはっきりしていることがあります。それは、早く次のステップに進みたいという意思がどれだけ強いか、それが会社エグジットのバロメーターになることです。

ペガサスタイプ　以前から抱いていた夢をいよいよ実現させてはばたく

▼会社エグジットがバネになり、30年以上前に描いていた夢を叶えることができた

会社エグジット後：広告会社経営↓執筆活動・出版

「いつかは自分が書いた本を出版したい」

大学時代からYさんはそう思っていました。

しかし、誰もが執筆活動で生計を立てられるわけではない。むしろ、それは極めて少数派で

あることを彼自身知っていました。

Yさんはマスコミ関係の会社に就職しました。

そして、本業のかたわらで小説やエッセイを書いてみようとするのですが、徹夜仕事をしなければならないこともあり、なかなか自分の時間をつくることができません。

やりたいことが本気なら時間は自分でつくれる……先輩に相談を持ちかけたところ、彼はそう諭されました。

Yさんはその言葉が腑に落ちたのか、ひとまず執筆を趣味にすることにしました。それにより、自分から積極的に時間をつくることをしなくなっていったのです。

それから8年後、Yさんは広告系の会社を起業しました。

起業してしまえば、自分の時間をつくれる。趣味であっても書くことはできる。そう思ったのです。

ところが、現場で仕事をするのが好きだったYさんは部下に仕事を任せきることができず、自らも現場に関わってしまい、自由な時間はますますなくなっていきました。

さらに25年後、彼は会社をエグジットしました。

やっと自分の時間をつくれるようになったのです。大学時代に描いた「いつかは自分が書いた本を出版したい」という夢を、趣味の領域を越え、現実のものにしようとしました。

その結果、1冊の小説と1冊のビジネス本を自費出版、1冊のビジネス本を電子出版し、公式の流通を通した商業出版に漕ぎつけることができたのです。

Yさんの会社エグジットの大きな理由のひとつは、夢の実現だったわけです。

着目ポイント

ゴールド世代のあなたが会社エグジットする時、自分の心に問いかけてみましょう。

今まで叶えらず、時間があれば実現できたであろう夢があるかどうかを……。

そして、実現したい夢があるのなら、次の2つのことをやっておきましょう。

・その夢を実現するための青写真を作ること
・生活費の他に、夢を実現するための必要経費を捻出して用意しておくこと

この2つがあれば、会社エグジットに向かう姿勢が変わり、会社の価値を高めるために動き出すことになるのではないでしょうか。

エンジェルタイプ　会社エグジット後に社会の発展にいっそう貢献したい

▼100年続く会社の荷物を下ろし、街の復興事業に専念する道が拓けた

会社エグジット後：老舗割烹料理店→街の復興事業

東海地区で100余年の歴史を刻んできた老舗の割烹料理店。

その3代目社長のEさんは、会社の行く末を思い、あることで逡巡していました。

利益が十分出ているため、後継者が継いでくれれば、このまま先祖から続いてきた歴史を重ねていくことができる……、そう思っていました。

ところが現在、血縁で事業承継できる対象者がいません。このままでは、黒字のまま長い歴史を閉じなければならなくなります。


「どうしたらいいんだろう……」

Eさんには、事業承継後に実現したい夢がありました。

それは、自分が住んでいる街を、昔のように文化発信できる街に復興させたいというもので

す。復旧ではなく、新しさを加えた復興です。

古式ゆかしいものは再現し、一方では新しい文化も取り入れながら、たくさんの老若男女が気軽に集まることのできる幸せなコミュニティ。それがEさんの作りたい街でした。

たとえて言うなら、東京の「日本橋」の復興イメージです。

既に、多くの仲間たちと10年前から街の復興に着手し、リーダーとして音頭を取ってきたのですが、実際には会社を経営しながら片手間にできる事業ではありません。できたら、すぐにでも街づくりの事業に専念したい、それがEさんの本音でした。

Eさんには幅広い人脈がありました。

気の置けない何人かの社長仲間に自社の将来についての相談を持ちかけたところ、その中のひとりから、「うちで会社を受け継ごうか?」という提案があったのです。

第三者に会社を譲渡することを全く考えていなかっただけに、Eさんは正直驚いたようです。よくよく考えてみると、後継者不在で会社を廃業するよりも、第三者に事業承継したほうが会社は存続できる。しかも、長年の友としてつき合ってきた人間からのオファー。

彼は、この方法がベストと、会社エグジットを決断したのでした。

Eさんは現在、街の復興事業に専念しています。事業スピードも格段にアップしているようです。

彼は、老舗の会社を会社エグジットによって存続させ、社会貢献に専念するという2つの道を同時に叶えることができたのです。

着目ポイント

長い歴史を歩んできた会社を自分の代で閉じることには、大きな抵抗を伴うものです。「先祖に申し訳ない」という気持ちが先に立つからです。

第三者にエグジットすることに対しても、強い抵抗感があります。オーナー家で大切に継承してきた会社を他人に渡すことになるからです。

そこで、次の2つの大きな目的を叶えるために、鳥の目で状況を俯瞰してみましょう。

・これからもずっと会社を存続させること
・個人としては、もっと大きな社会貢献をすること

その最適解が、Eさんの例のように「会社エグジット」なのです。

チンパンジータイプ　南の島で、趣味を中心にした自由な生活をエンジョイしたい

▼会社はすっきりエグジットし、南の島で理想の生活をエンジョイ

会社エグジット後：ビル・直営店経営→南の島での職住快適ライフ

北陸地方のある都市の一等地にビルを持ち、そのテナント収入と直営店収入で長年暮らしてきたLさんは、3代目の社長。長きに渡り、安定成長してきた会社でした。

しかし彼女はある悩みを抱えていました。

所有するビルが古くなり、数年後には改修しなければなりません。大きな工事資金が必要になり、その後、果たしてテナントが充足するかどうかは定かではありません。

「今が、ビルと会社を手放す時期かもしれない」

彼女は、会社エグジットを決意しました。

家族経営で成り立ってきた会社ですが、事業承継する後継者がいなかったこともありました。仮にいたとしても、将来の目途がつかない現状では、渡すにも渡せない状況と捉えていた

ようです。

また、Ｌさんには夢がありました。

それは、南の島にビルを購入し、不動産収入を得ながら、のんびり生活をしたいというものでした。その願望は、時を重ねるごとに強くなっていったようです。

彼女は取締役会の了承を得、会社をエグジットすることにしました。

そして、親しくしていた仲介業者に売却先を探してもらい、1年後に会社エグジットが成立したのです。

長年にわたって安定経営をしてきたこと、利便性が高い立地だったこと、直営店の経営がうまくいっていることが評価され、Ｌさんにとっても満足のいく売却額に落ち着いたようです。

南の島での職住接近、快適ライフの夢が叶ったのです。

着目ポイント

Ｌさんの場合は、仲介業者を通して会社エグジットを進めました。

そこで一番気をつけたのは、成約するまでは周りに情報が漏れないようにしたこと。

長年経営してきた分、取引先や銀行からは大きな信用を得ています。もし、途中で情報が漏れてしまったら、「あの会社、大丈夫？」と悪い噂が広がり、信用不安を与えてしまう可能性があります。それによって、売却先候補との交渉が決裂することもあり得ます。

あなたが会社エグジットをする場合、Lさんのように、仲介業者と守秘義務契約を結び、必要な関係者以外には、決まるまでは一切口外しないことです。

パンダタイプ とにかく、のんびり気ままな生活を送りたい

▼自社査定に自信があるなら、想定外の低い提示額にはNOを

会社エグジット後：ホテル業→ビル賃貸業

ホテル業を営むKさんには、ずっと抱えていた持病がありました。

ふだんの生活に特段の支障はなかったのですが、5年ほど前から少しずつ仕事に影響を与えるようになり、このままではいけないと思うようになったのです。

後継者に事業承継しようとも考えたのですが、身内や社内に後継者になり得る人間がいません。どうしようかと悩む日々が続いていたところ、東京の同業者から会わないかと、声がかかっ

たのです。

全国のホテル協会の会合の時に顔を合わせ、何度か食事もして気心も知れていましたので、Kさんは静岡の自社の会議室で会うことにしました。

「東海地区や関西地区にホテルを出したいと思っています。ついてはホテルを譲ってくれませんか？」

それが、訪問の趣旨でした。

Kさんはその時、会社をエグジットする方法があることにあらためて気づかされました。健康状態のこともあり、うまくすれば、彼にとっても渡りに舟の話です。

Kさんは、正直に自分の窮状を伝え、同業者のオファーに興味があることを伝えました。

その日は、お互いの感触を確認する話で終わったのですが、Kさんは自社の経営状況を知ってもらうため、後日、3年分のB／S、P／Lを初めとする経営資料を送ることを約束しました。

先方は、それらを見て、正式にオファーするなら、どれぐらいの査定金額になるのかを見積もることを約束してくれました。

・会社を第三者にエグジットするという事業承継の方法があること
・黒字体質で、借り入れもそれほどなかったことから、自社の価値に自信があること

・もし、オファーしてきた会社との話が立ち消えになっても、他の売却先を探すルートがあること

Kさんは、東京の同業者が帰った後に頭を整理したところ、以上の3つに考えを整理することができました。

早速、顧問税理士に相談し、会社エグジットの相棒になってもらいました。そして、自社の査定額を算出し、自分が抱いていた自信をあらためて確認することができたのです。

東京の同業者から届いた最初の査定額は、こちらが弾き出した数字の半分にも満たないものでした。

そもそも会社の今の価値を低く見積もっており、将来利益やのれん代をほとんど考慮していないのではないか、と顧問税理士は推測してくれました。

先方の提示額ではお話になりません。

Kさんは、自社査定の算出根拠を具体的に示し、希望額を明示することにしました。

倍以上の開きがあるわけですから、相手はNOの返答をするかもしれないとは思ったものの、今までずっと経営してきた黒字体質の大事な会社です。断られても仕方がないと思ったそうです。その場合は他の同業社に声をかけよう、そう決めました。

その思いが功を奏したのか、先方は歩み寄りの姿勢を見せてきました。どうしても、拠点としてＫさんの会社が欲しかったようです。

最終的に、満額とはいきませんでしたが、Ｋさんが譲歩できる範囲まで歩み寄ってくれ、会社エグジットすることができました。

着目ポイント

Ｋさんは体に支障があり、経営者としての前線の仕事は長くはできないことに悩んでいました。あくまでも推測ですが、先方は「Ｋさんが早く売りたがっている」と錯覚し、低い価格を提示してきたのかもしれません。

ところが、Ｋさんは自社の価値に自信を持ち、ダメなら他社に話を持ちかければいいと考えていましたから、希望額を何のてらいもなく提示することができたのです。

先方は、このままではチャンスを逃すと考え直し、歩み寄ってきたと考えられます。

自社の価値をしっかり査定し、その金額に自信を持っているとします。

先方が想定外の低価格を提示してきたなら、あなたはどうしますか？

私なら断ります。早期のエグジットを目指したいにしても、あまりにも低い値踏みに対してはＹＥＳは出せません。

会社エグジットにおいて、卑屈になる必要はありません。

二者の立場は対等です。お互いの主張はしっかり伝え、その中で歩み寄っていくものであることを忘れないようにしましょう。

イノシシタイプ　会社はエグジットせず、中身を変えて存続させる荒業

▼120年続く会社は売らずに、後継者に合わせて業種をチェンジしていく

会社エグジット後：繊維問屋→IT企業

Cさんは120年続く愛知県の繊維問屋の5代目社長を務めています。

ある時彼女は、IT企業に勤める30代の息子にこう語りかけました。

「会社を継いでくれないかな?」

息子さんは、一瞬何を言われたのか、判断できずにいたようです。

「母さん、会社は繊維問屋じゃないか。IT技術者の僕が継げるわけがない」

当然、Cさんにとっては予想していた反応でした。

「違うの。あなたもＩＴ技術者として10年以上のキャリアがあるわね。そろそろ独立してもいい頃じゃないかな？」

一拍置いて、Cさんは息子の反応を見ていました。

「えっ？　独立していいの？　今、会社を継げって言ったじゃないか？」

息子さんは、ますます訳が分からないという顔をして混乱している様子だったそうです。

「今の会社を繊維問屋じゃなくて、ＩＴの会社に変えて、会社を継ぐというのはどう？」

Cさんは自分の思いを話し始めました。

・先祖から受け継いだ会社を廃業させたくない
・息子がＩＴ会社を起業した場合、果たしてうまくやっていけるかが心配

Cさんは、先祖と息子の間で揺れ動いていたのです。

悩んだ彼女が出した結論。それは、会社の器は変えず、業種の中身を変えて息子に継いでもらうという荒業の事業承継だったのです。そうすれば、先祖から受け継いだ会社はそのまま存続でき、息子はひとりだけで起業する苦労を味わうこともなくなるというわけです。

彼女の悩みが同時に解決できるアイデアです。ただし、難題も抱えています。

・在職中の社員がIT業務にすぐに携わることは難しい
・すぐに業種転換をしてしまったら、取引先に迷惑をかけ、会社そのものを危機に陥れてしまう
・金融機関からの信用不安を起こしてしまう

そこで、Cさんは移行期間を設けることにしました。

・あと7年、自分で繊維問屋の社長を務める
・息子さんはその間、立ち上げたIT部門の部門長として事業を軌道に乗せる
・Cさんが率先して息子さんの後継者育成をする
・従来の社員に息子さんがIT教育を行う。同時に、ITに強い社員を採用する
・繊維問屋の取引先に会社のIT化の営業を行い、IT事業部の取引先になってもらう
・IT業務の事業が軌道に乗っていく中で、繊維問屋の取引先に対しては、親しくしている他の繊維問屋を紹介していく

以上のシナリオを考えて、Cさんは息子さんに打診したというわけです。
Cさんは息子さんに感謝されたそうです。

着目ポイント

起業自体は難しいことではありません。

難しいのは、事業を軌道に乗せるまでの道のりです。途中で資金が枯渇してしまったら、ジ・エンドです。

最初から資金面で苦労する必要のない環境にあれば、不安を抱えることなく、事業に専念できます。Cさんは、息子さんの不安を取り除き、事業に専念できるようにバックアップするため、業種転換案を考え出したのです。

あなたの周囲に、現在の会社の業態とは違う業態での存続を考えている人がいるなら、Cさんのやり方は参考になるでしょう。

ただし、次の3点は忘れないようにしてください。

・時間をかけて社内外の理解を取りつけること
・後継者教育をしっかり行うこと
・社員を大切にし、うまくシフトチェンジしていくこと

ウサギタイプ

ひとつの道を歩き続け、家族と一緒にワクワク体験をする

▼お客さんのための旅行事業から、自分たちのための旅行三昧の人生に

会社エグジット後：旅行会社を幹部社員に会社エグジット予定→家族と旅行三昧

三重県で小規模の旅行会社を家族経営してきた2代目社長Rさんは、初代の父親から会社を承継してから順調に会社を成長させ、三重県内の取引先をさらに増やし、愛知県においても顧客拡大を図ろうと考えていました。

その時のRさんの年齢は50代の前半。健康不安もなく、ずっと前線で頑張れそうでした。とはいうものの、事業の販路拡大を図るために経験豊富な人材が必要になってきました。家族経営だけではやっていけない規模に成長してきたからです。

それから縁あって、1年も経たずに愛知県在住の求める人材が入社してくれました。

Rさんは、この時がチャンスと思い、名古屋に営業所を設け、採用した人を所長に抜擢しました。……それから5年。採用した人は事業のほとんどを任せられる幹部にまで育ってきています。

Rさんは、最近、その幹部を後継者にしようかと真剣に考え始めています。

事業承継した後の人生をRさんはどう考えているのかを聞いてみました。

「10年以内に彼に事業承継しようと考えています。その後どうするかはまだはっきりとは決めていませんが、家族と一緒に好きなところに旅行三昧しようと思っています。第三者の旅行にずっと携わってきたわけですからね。会社エグジットした後は、自分たちが行きたいところに自由に旅行する。それがいちばんワクワクすることですから」

家族思いのRさんの会社エグジットは、将来のワクワクを見据えながら進みそうです。

着目ポイント

Rさんのように、今まで好きで続けてきた事業のノウハウを、会社エグジット後に自分のために使うというのはとてもワクワクする計画です。

飲食業の経験がある方なら、世界食べ歩きの旅なども楽しそうです。

さて、幹部社員を事業承継者にするために留意したいことは次の2点です。

・社長であるあなたの個人保証を外すことで、幹部の重荷を下ろしてあげることができます。中小企業庁と金融庁、日本商工会議所、全国銀行協会による「経営者保証ガイドライン」を活用すれば、いくつかの条件はありますが、社長の個人保証を外したり、個人保証なしでの借り入れが可能になります

・銀行と相談したり、会社エグジット自体の工夫をすることで、幹部が株を引き受ける負担を減らす方法があります。顧問税理士に相談してみてください

column コラム⑤

オールドタイプの社長100人に聞きました

事業承継がうまくいかない人の思考パターン【本音・不安編】

コロナ後の経営に自信がない

コロナ禍によって業績が悪化し、あるいは、思うように業績が伸びない……そのような状況にある会社は多いのではないでしょうか？　そして、会社を存続させるために再起を図ろうと

した時、2つの壁が立ちはだかっていることに気づきます。たとえば以下のようなことはありませんか。

・1つ目の壁：生産性向上への構想力と実行力

社会状況が変化する中、主要取引先から要求されていた生産性向上がいよいよ待ったなし。生産性を向上するには、業務のシステム化、品質向上、納期短縮、ロス率低下など、取り組むべき課題が山積みです。また、その実現のためには人員、時間、資金が必要です。ところが、なかなか着手できません。そもそも、ＡＩやＩｏＴなどによる第四次産業革命が会社や仕事の中身を変えようとしていることにピンときていません。何をどうしたらいいのか、思わず立ち止まってしまいます。

このようなことはありませんか？

（ＯＥＣＤデータに基づく時間当たりの労働生産性において日本は、ＯＥＣＤ加盟国37カ国中21位。日本は米国の６割。一人当たりの労働生産性は26位。財団法人日本生産性本部「労働生産性の国際比較２０２０」より）

・２つ目の壁：新しい働き方へのシフトチェンジ

コロナ禍の影響で、テレワークがニューノーマルになりました。会社は通勤するところではなくなったのです。しかし、このような「働き方改革」になかなかついていけません。

国の方針に沿ってテレワークを導入してみたものの、社員とのコミュニケーションがうまくいかず、生産性が急降下。仕方なく従来の通勤型の働き方に戻さざるを得ない状況。このような事態になっていませんか？

（米国のオラクル社などが２０２０年7〜8月、11カ国の約1万２０００人に実施した調査によると、テレワークで生産性が上昇したと答えた人の割合は、世界平均で41％だったのに対し、日本は15％で11カ国中最低）

これからの経営には、時代のニューノーマルな変化に歩調を合わせた「生産性の向上」と「働き方改革」が求められます。そして、それは待ったなしです。

もし、あなたがこの2つの壁の前で戸惑っているなら、その壁を乗り越えられる経営者にバトンタッチしたほうが、持続可能な会社に成長できるのではないでしょうか。

［第2部］　全員が幸福になるためのアクション

第6章

現状を把握し、会社を磨く

チャンスは、準備のない者には微笑まない。
（ルイ・パスツール／フランスの細菌学者）

自分プロデュースで会社エグジット

さあ、ここからは実務編です。

会社エグジットの陣頭指揮を執るのはあなたです……。とはいえ、いざ動こうとしても、何から手をつけて、自分が何をして、誰に何をお願いしたらいいのか、このままでは分からないと思います。会社エグジットを決意したものの、自分がどう動けばいいのか見当がつかない、そんな方のために第2部では、会社エグジットをプロデュースする具体的な方法と流れを示します。すぐに使えるドリルやチェックシートも用意しました（掲載した図表類やチェックシートは巻末でご案内するＱＲコードやＷｅｂサイトからダウンロード可能です）。

最終的に「オーダーシート」が出来上がれば、顧問の税理士や中小企業診断士などのプロと組んで売却候補の会社と交渉するにしても、会社売買のアドバイザーや仲介者に売却先をマッチングしてもらうにしても、あなたが全体のプロデューサーとして動くことができます。本書を、「できない」を「できる」に変えるための参考書として活用してください。

まだ会社エグジットを実行するかどうか迷われている方も、「仮にエグジットするなら」という視点で読んでいただけたら幸いです。

自分プロデュース「愛の会社エグジット」スケジュール表

	プロデューサー	相棒			ドリル・ツール
		社員	メンター	専門家	
大事な人に相談をする	話し合いの場を持つ →	ベテラン社員の本音			愛のエグジット診断表 あなたの人生は何タイプ？
会社を知る	強味×機会の再発見 → ・経営理念の再構築 →		確認 → 確認 →	相談 相談	SWOT分析シート 経営理念7W2Hシート
［会社を磨く ※必要な場合］	・相棒と共に磨いていく(1-2年) →	連携プレイ			［事業磨き上げモデルスケジュール］
価値を知る	・自ら 「ざっくり査定」 →			確認 相談	会社バリューチェックシート
オーダーシート作成	・愛の会社エグジット/アウトプットの準備(プロデューサーとしての自覚・自信を持つ) →	確認			自分プロデュース 愛の会社エグジット オーダーシート
スケジューリング	・納期を決め、逆算してスケジューリング →			確認 相談	1年間の短期PDCAカレンダー
エグジット先の選定・アプローチ	・同業、取引先から探索 → ・見つからなければ専門家、国や民間のマッチングサイト活用 ・銀行・商工会からの紹介		確認・相談		自分プロデュース 愛の会社エグジット オーダーシート (下欄)
交渉から基本合意	・専門家と打ち合わせの上、トップ会談でイニシアティブを取る →			基本合意書類作成、同席	
（　必要があれば、ここでデュー・ディリジェンス　）					
条件合意の上最終契約	柔軟性を持ちながら、大事な娘を嫁入りさせる極意で →			契約書類作成、同席	
統合(PMI)	会社エグジット後、社員、取引先、エグジット先などのステークホルダーが幸せになる姿を確認				PMIシート

表１　会社エグジットのスケジュール表

▼まずは会社エグジットまでのシナリオをつくる

どのような段取りで会社エグジットを進めていけばいいか、私が作ったスケジュール表（表1）をもとにご説明します。

まず、鳥になって、その目で大地を俯瞰してみてください。遠くにあるゴールを見てみましょう。会社エグジットを終え、会社の統合も完了し、社長を卒業しようとしている自分がいます。

では、スタート地点に向かって戻ってみましょう。

エグジット先との合意から最終契約←売却候補の会社へのアプローチ←ゴールまでのスケジューリング←オーダーシートの完成←会社の価値を査定。そして、スタートラインで大事な人たちに相談を持ちかけています。

隣りにはどのような相棒が控えているでしょうか。

顧問税理士や中小企業診断士、弁護士、社労士の場合もありますし、あるいは、それらの得意分野ごとのプロたちをチーム化するという手もありますね。その相棒（たち）と共にゴールに向けてアクションを起こすのです。

会社売却までの期間は約1年。その後は会社統合までのフォローワーク。正味2年で会社エグジットを終了することを基本と考えましょう。

以上のように、ゴールを定め、相棒を決め、各プロセスを踏まえながら、全体を鳥の目でスケジューリングしてみましょう。それが道標になっていくのです。

愛の会社エグジット診断表

Q1　後継者不在のあなたへ、これからどうしますか？

1、会社エグジットする　　2、このまま・考えていない

Q2　会社のこれからについて相談相手はいますか？

1、いる　　2、いない

Q3　会社のこれからのことを、社員・取引先などのステークホルダーに説明して、納得させることができますか？

1、できる　　2、できない

Q4　会社の強みを第三者に語ることができますか？

1、語れる　　2、語れない

Q5　会社の価値をざっくり金額査定できますか？

1、査定できる　　2、査定できない

Q6　会社エグジット先を具体的にイメージできますか？

1、イメージできる　　2、イメージできない

Q7　会社エグジットを推進してくれる相棒(専門家)はいますか？

1、いる　　2、いない

Q8　事業承継後の人生を決めていますか？

1、決めている　　2、未定

※Q1~Q8で1つ以上、2に○をした方、本書を参考に、一度「会社エグジット」を計画してみましょう。「できる」自信を持っていただけたら、あとは「やる」か「やらない」かです。

表2　会社エグジット診断表

▼あなたの「会社エグジット度」をチェック

表2は、後継者がいないあなたの、会社エグジット度を見る診断表です。相談相手はいるか、社内外とのコミュニケーションはできるか、会社価値を査定できるか、売却先を探せるか、相棒はいるか、エグジット後の人生を描いているか、8つの設問の1か2のいずれかに〇をつけてみてください。

1つ以上2に〇がついた方は、特に2をつけた項目を中心に、本書を読み進めてください。自己プロデュースする上での大きなポイントは、自分の会社の強みを客観的に語ることができるかです。それができれば自信が生まれます。そして、その自信がプロデューサーとしての力の源になります。たとえ2が多くても大丈夫です。本書を利用し、会社を客観視することができれば、自信が生まれるはずです。

経営理念を再確認して言語化する

「あなたの会社の強みは何ですか?」

そう質問されたら、あなたはすぐに、しかも一言で表現できますか?

長年会社を経営していればスムーズに答えられそうなものですが、実際には意外に言葉にならないものです。

なぜなら、その強みが日常化し、ごくあたりまえで普通のことのように感じており、別段強みとして認識できないからです。

売却先候補の会社との交渉に臨む時、会社の強みが言えなければ、会社エグジットの成功はおぼつきません。

ここでは、会社の強み・弱みの客観的な分析法、何を目的に誰のために存在する会社なのかという経営理念の再確認法を紹介します。

また、会社の価値をもっと高めてからエグジットしたいあなたには、攻めと守りの両方からの会社の磨き方をご紹介します。

SWOT分析で会社の強み・弱みを見える化する

あなたが会社エグジットを決断しているとします。

その時、こんな心理が働きませんか？

・会社の弱いところを強くしておきたい
・会社の強みをもっと強くしておきたい

どうして、そのような心理が働くのでしょうか？

・売却先から、しっかりした会社だと評価され、オファーを受けやすくしたい
・会社の強みを最大化し、高くエグジットしたい

これは、会社エグジットする時の基本の心構えです。もしまだなら、ぜひその心構えを持ちましょう。

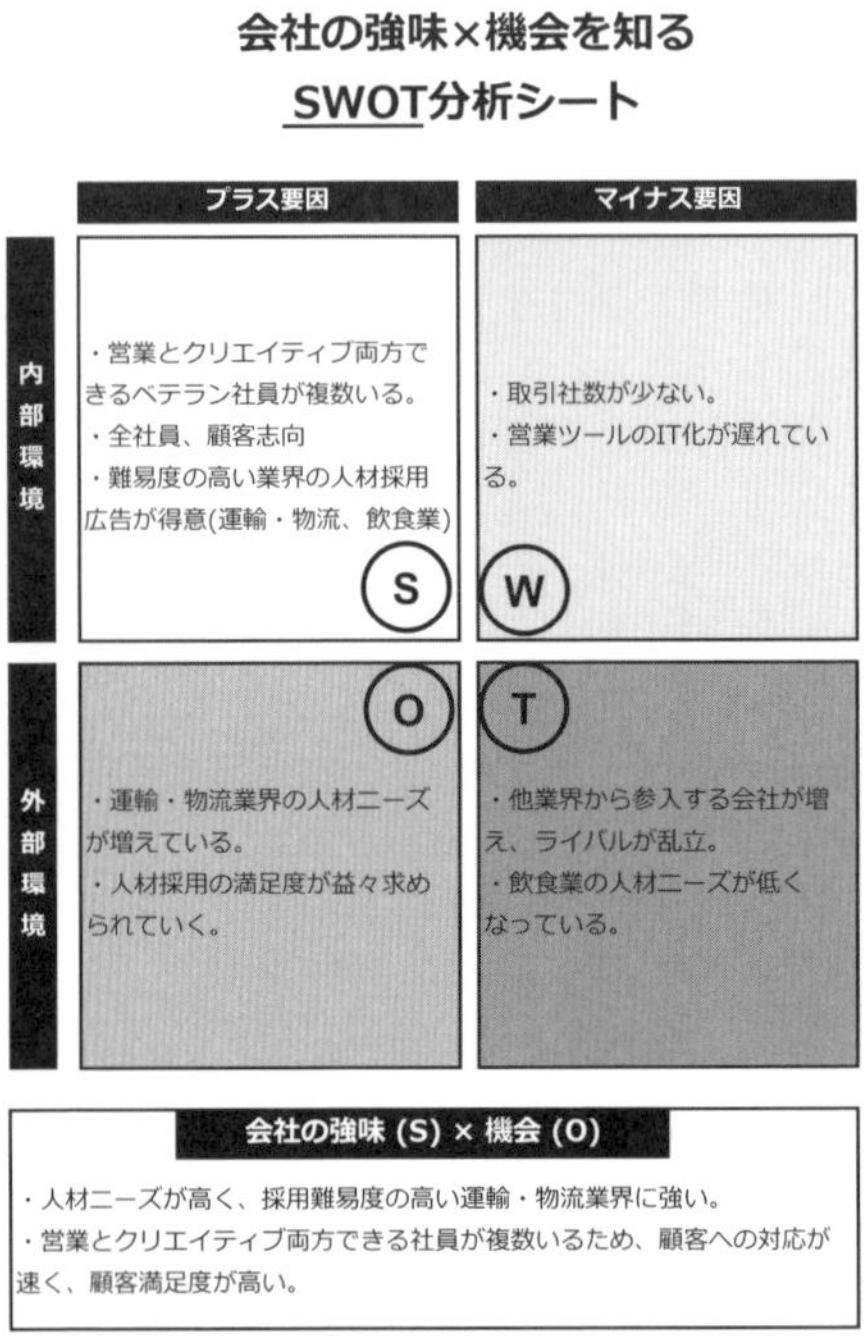

	プラス要因	マイナス要因
内部環境	・営業とクリエイティブ両方できるベテラン社員が複数いる。 ・全社員、顧客志向 ・難易度の高い業界の人材採用広告が得意(運輸・物流、飲食業)　(S)	・取引社数が少ない。 ・営業ツールのIT化が遅れている。　(W)
外部環境	(O) ・運輸・物流業界の人材ニーズが増えている。 ・人材採用の満足度が益々求められていく。	(T) ・他業界から参入する会社が増え、ライバルが乱立。 ・飲食業の人材ニーズが低くなっている。

・人材ニーズが高く、採用難易度の高い運輸・物流業界に強い。

・営業とクリエイティブ両方できる社員が複数いるため、顧客への対応が速く、顧客満足度が高い。

図4　(株) アドステージの会社の強み×機会を知るSWOT分析

会社の現状を知る上での効果的な方法として、ＳＷＯＴ分析をおすすめします（図4）。

ＳＷＯＴ分析とは、図にあるように、会社の強み（Ｓ）と弱み（Ｗ）という内部環境、機会（追い風／Ｏ）と

脅威（逆風／T）という外部環境のそれぞれの要素に該当する言葉を入れ、それを掛け算して言語化することです。

強みと機会を掛け算すれば、それが会社のプラス要素になります。弱みと脅威を掛け算すれば、会社のマイナス要素になります。

表3は、私が社長を務めていた会社のエグジット前のSWOT分析です。

（社名は株式会社アドステージ。中小企業を中心に、人材採用に困っている会社に求人広告を掲載してもらい、採用を支援する広告代理店でした）

顧客志向で、難易度の高い採用広告を得意とする会社ですが、取引顧客数が少なく、競合が増える環境というマイナス要素を抱えています。

人材採用の満足度がますます求められていく中、会社はその強みを活かし、難易度の高い採用広告を必要とする顧客の契約数を増やしていく……それが経営の向かう方向になります。

会社の売却先を見つける際に、この強みを知っていれば、そこが弱い会社を売却先として選べば、大きなシナジー効果（複数の企業や企業内の事業部門が協働して利益が得られる相乗効果のこと）が生まれるというわけです。

肝心なことは次の2つです。

・弱みを強みに変えるには時間がかかります。弱みは克服して、マイナスをゼロにするという

発想を持ちましょう

・長い時間をかけなくても、強みはもっと強くすることができます。磨けば磨くほど、強くなっていきます。会社を強くするほうに力を注ぎましょう

攻めと守りの磨きで会社の価値を高めよう

あなたに、会社の価値を高めるための時間が与えられたとします。

仮にそれを1年としましょう。その期間で、あなたは何をしますか?

エグジット前に会社の価値を高めることを、「会社の磨き上げ」と言います。

磨き上げることで、より良い売却先をスピーディに見つけられると同時に、譲渡価格が高くなります。

それでは、会社の磨き上げはどのように行ったらいいのでしょうか?

これを、攻めと守りの両面から見てみましょう。

「守りの会社の磨き上げ」とは？

まずは、守りを3つの視点からお話しします。3つとは、財務・法務・人事です。

◎財務面
・未払い残業代など、簿外債務がある
・不適切な会計処理をしていた

◎法務面
・規定や諸規則に不備がある
・法令順守違反がある

◎人事面
・残業が多く、不健康な社員が多い
・離職率が高い

以上のような不備は、会社のマイナス面です。これを適正処理し、正常に機能させておく必要があります。これが「守りの磨き上げ」です。

会社が正常に機能していないと、会社の強みに魅力があっても、欠陥のある会社として扱われ、ひいては売却できない、時間がかかる、会社の強みと相殺されて低い価値になってしまう、そんな事態になってしまう可能性があります。

守りとはいえ、とても大事なことですので、売却先に指摘される前に磨き上げておきましょう。これは、マイナスをゼロにするという考え方です。

「攻めの会社の磨き上げ」とは？

▼顧客価値を上げる

顧客があってはじめて、売上が上がり、人件費などの経費を使って利益を得る。会社は顧客があって存在するものです。一度、次のように棚卸してみてください。

- あなたの会社の顧客数は？
- 売上／利益ベスト10の顧客は？
- 顧客の中に成長企業は？
- 顧客の中に有名企業は？
- 取引年数は？

成長企業や有名企業と長い間取引をしていると、売却先に高い顧客価値を示すことができます。棚卸しによって、今まで気づかなかった宝物に出合うことがあるのです。

もしなかなか見つからないのであれば、1年後に会社エグジットすると想定し、その間の顧客の磨き上げによって顧客価値を高めましょう。

ただし、売上や利益を倍増させましょうと言っているわけではありません。いちばん大事なことは、訪問回数を増やしたり、顧客の懐にもっと深く入り込んで、今まで以上の信頼関係をつくることです。

「頼むなら君の会社に」という関係性をしっかり築いておくということです。そうすれば、その顧客は離れていかず、売却先がしっかり引き継ぐことができるというわけです。今まで以上の関係性をつくれることを売却先に示すことができれば、あなたの会社の価値は高く評価されるのです。

▼人材価値を上げる

あなたの会社の社員は、契約が成立したら売却先の社員になります。特に同業であれば、今までのライバルだったわけですから、比較して見られることは間違いありません。

その時、「売却側の社員は優秀。一緒になれば、もっと会社は成長する」と思ってもらえれば、会社の価値は上がります。会社エグジットの目的が「社員の成長のため」というのであれば、人材価値を高めることは社員にとっても、とても大切な磨き上げになります。

それでは、人材価値はどう磨いていくのでしょうか。

まず、次の3つのことにトライしてみましょう。

・一人当たりの売上や利益など、数字で比較できる指標をもとに、売却候補先の社員と比較してみます。その数字の中で、こちら側の社員のほうが高い指標があるなら、それが人材価値になります。
・売却候補先にはいないタイプの社員が在籍していた場合、その社員に価値を感じてもらえたら、それも人材価値になります。
・社員の数は増えるわけですから、会社の売上・利益が一挙にアップすると感じてもらえたら、それも人材価値になります。

もしあなたの会社の社員に大きな人材価値を感じてもらえないなら、高い評価につながらない可能性があります。その場合、2つの考え方を選択肢として設けることを提案します。

ひとつは、その会社を売却候補から外します。人材価値に自信を持っているのなら当然でしょう。うちの人材には価値がある。それを低く評価する会社とは握手しない……そういう意思で交渉すべきです。

もうひとつは、その会社とのシナジー効果が高い確率で見込めると判断したなら、1年かけて、磨ける指標を決めて人材価値を高めます。その間に売却候補先との関係が切れたにしても、その時は次の候補を探せばいいのです。

さて、人材の磨き方で、私が手がけた効果的な方法があります。それは、「タレント目標の設定」です。社員一人ひとりが、自分の得意分野で1年後にナンバー1を取るという目標です。できるだけ数字での比較が可能で、社外も含めてのナンバー1を目標にすること。

この効果はてきめんでした。ナンバー1を達成した社員は、全体売上・利益までもが底上げされ、社内外から評価されるようになったのです。まさに「タレント」です。

そして、私は社員一人ひとりに、このような話もしました。

「会社はいつどうなるか分からない。どこにいても、ぶら下がり社員にだけはなるな」「会社の寿命は人間の寿命より短い。自分の人生を主と考え、自活できるようにしておくこと」。

会社の磨き上げのスケジュール例は表3のとおりです。

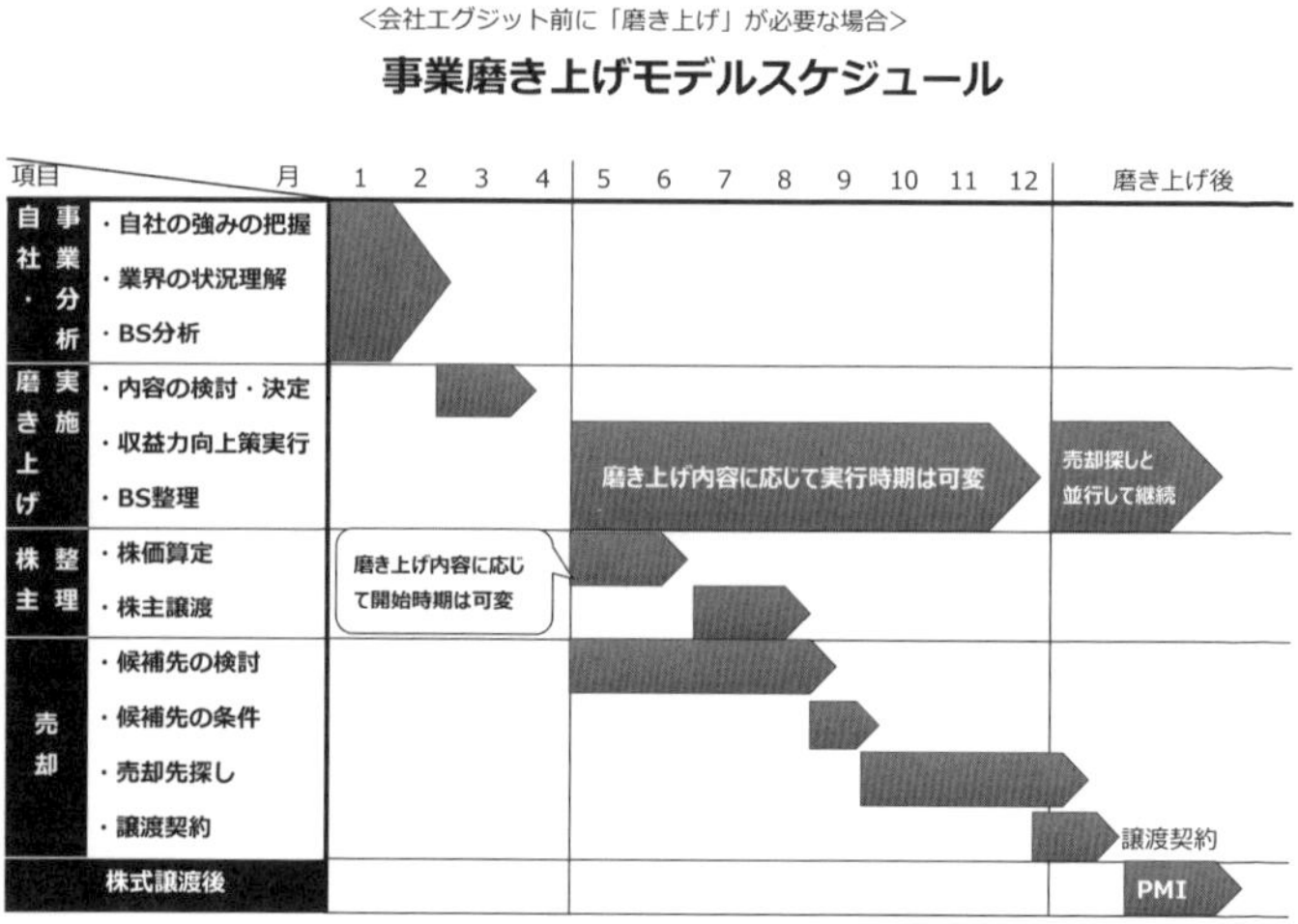

表3　事業磨き上げのスケジュールモデル

会社を表す「ひと言キャッチフレーズ」で強いアピールを

私は新卒予定者向けの会社説明会で、「あなたのキャッチフレーズを作ってみよう」という企画を実行してみたことがあります。

『笑顔が自慢の〇〇』
『特技は、誰とでも仲良くなれること』

ほとんどの学生が作ったキャッチフレーズは、このように抽象的で、多くの人に該当するようなものでした。笑顔が自慢の人はたくさんいますから、『あなた』を特定することはできません。

世界にひとりしかいない『あなた』をどう表現するか。これができれば、あなたは忘れられない存在になる。それによって人間関係が豊かになっていくはず……。「あなたのキャッチフレーズを作ってみよう」の企画意図はそういうことでした。

私は、キャッチフレーズの作り方の例をいくつか、学生に示してみました。そのひとつを紹介します。

……例えば、あなたが名古屋で生まれ、名古屋で育った女性だとします。

あなたと同年齢の名古屋女性は何人いるでしょうか？

大学でバスケットボール部のキャプテンを務めているとします。大学のバスケットボール部キャプテンで同年齢の名古屋女性は何人いるでしょうか？

一方、飲食店のアルバイトのリーダー経験があるとします。飲食店のアルバイトリーダーの経験があり、大学のバスケットボール部キャプテンで同年齢の名古屋女性は何人いるでしょうか？

要素を挙げていけばいくほど、対象者が絞られていき、忘れられない存在に近づいていくのです。

『私は、名古屋でバスケとバイトのキャプテンを兼務する〇〇（名前）です』

たとえば、こんなキャッチフレーズが出来上がります。これによって、少なくとも採用担当者は興味を持つはずですよ……。会社説明会では、このように、キャッチフレーズを作る意図や醍醐味を伝えていったのです。

抽象的な言葉ではなく、事実をベースに、言葉を組み合わせて絞り込んでいくと、相手の印象に残るキャッチフレーズが誕生する——。これは、私が手がけてきた求人広告の業界では日常的な仕事です。企業と求職者のマッチングに必要な作業だからです。

また、説明会では、こんな話もつけ加えました。

就職後、仮に営業職に就いた人がいたとします。エレベーターの中で、会いたかった会社の社長に遭遇。でも、話せる時間はごく短時間。

そんな中、自分をどう売り込んでアポイントにつなげることができるか。

これを文字通り、「エレベータートーク」と言いますが、キャッチフレーズがあれば安心ですよと……。

本章では、あなたの会社の強みを再発見するための「SWOT分析」を紹介しました。当社を例にさせていただきましたが、これをキャッチフレーズにしてみます。

SWOT分析では、当社は、「顧客志向で、難易度の高い採用広告が得意」というのが強みでした。人材採用の満足度がますます求められていく環境の中、当社はその強みを活かし、難易度の高い会社の契約数を増やしていく……それが経営の向かう方向としました。

これに基づくキャッチフレーズは、こうなります。

「うちの会社をひと言で言えば、人材採用でお困りの方に重宝されている会社です」

このキャッチフレーズにより、運輸・物流・飲食業など、人手がたくさん必要で、採用難易度の高い会社からの取引が増えていったのです。

いかがですか？

今一度、会社の強みを再発見し、それをキャッチフレーズにしてみましょう。そうすれば、会社の売却先からのオファーが得やすくなるはずです。

なぜなら、あなたの会社が、○○業界の単なる1社から、「どこにもないあなただけの会社」に価値転換できるからです。そうすると、今不振の業界にあっても、注目されるはずです。

最高の事業承継を遂げるために知っておくべき「7W2Hの法則」とは？

会社をエグジットする上で、終始持っていなければならないものがあります。

それは、「経営理念」です。

これがなければ、社員や家族、取引先、売却先のすべてが幸せになる事業承継ができないと言っても過言ではありません。

「えっ？　会社をエグジットするのに、経営理念なんて必要なの？」

そう思う人がいるかもしれませんが、必要なのです。

以下に、私の体験を踏まえた上での理由を書かせていただきます。

会社創業時にタイムスリップしてみることにしましょう。

▼会社創業時の経営理念「6W1Hの法則」とは？

会社の成長期は、顧客や社員に経営者の熱い思いや言葉を語るだけで経営できるものです。規模が小さいということもあり、隅々に至るまで経営者の影響下にあり、会社は回転していきます。

ひょっとすると、創業当時は経営理念がまだできていないかもしれません。私も創業後、しばらくはつくりませんでした。

当時はそんなものが必要だとは思わなかったからです。

自分が思い、自分が動けば、それで会社は成長すると思い込んでいたのです。

ところが、社員が増えて組織が大きくなると、この会社は他社に比べてどんな強みを持った会社なのか……社員を通して顧客からそのような質問を受けるようになってきました。

私はある時、社員から立て続けに質問を受けました。

「お客様から、〝君の会社はどんな会社なのか教えてくれる？　社長から決裁をもらう時に説明しなくちゃいけないんだ〟と言われているのですが……」

そんな内容の質問でした。

それは、個人の会社から法人の会社に、実質的に生まれ変わる時期でもありました。

そこで私は、顧客に会社（主な仕事は求人広告の代理業務）の特徴を説明することを目的に、経営理念をつくることにしたのです。

さて、経営理念とは何でしょうか？

それは、「社会にわが社が存在する理由。それを経営者が言語化したもの」です。
・誰が（社長、社員などの人材）――WHO
・何を（商品・サービス）――WHAT
・いつ（販売サイクル）――WHEN

・どこで（販売エリア）――WHERE
・どのように（販売方法）――HOW

会社を運営していくための、この4W1Hの前提になるものは何か？

・なぜ会社を経営するのか――WHY
・誰を幸せにするのか――WHOM

それは、この2つのWです。

「社会の中で誰を幸せにするために経営するのか」という2つのWを大前提に、4W1Hの経営機能をどう働かせていくか――それが経営理念といっていいでしょう。

合計すると、6W1Hになりますね。

▼会社エグジットにおける「7W2Hの法則」とは？

表4が、当社の経営理念「7W2Hシート」です。

経営理念を創る上で大切なことは、ライバル社と比較して自社の強みは何かということです。

私が社員から質問を受けた顧客からの要望は、まさにこのことでした。

明文化した当社の経営理念は、『お客様のそばで自己実現。真心経営で幸せへの貢献』です。

これを、7W2Hの法則に従って分解してみます。

まず、「誰のために、なぜ?」という2Wに関しては、「中小企業の顧客(WHOM)の幸せな存続(WHY)と、社員(WHOM)の成長(WHY)のために」という考え方です。

経営理念　7W2Hシート
会社の存在理由
WHY(なぜ)
日本経済を支える中小企業の将来を明るく照らす
幸せにする対象者
WHOM(誰のために)
お客様と社員の成長のために
経営計画・活動
WHO(誰が)
(株)○○社の社員ひとりひとりが
WHERE(どこで)
東海地区で
WHAT(何を)
中小企業の人材採用を
WHEN(いつまでに)
成功するまで
HOW(どのように)
社員自身と会社ができ得る手段で、お客様の採用活動をお手伝いすること
後継者候補
WHICH(どちらかに○)
会社　or　個人
会社の希望売却額
HOW MUCH (いくら?)
万円
経営理念
お客様のそばで自己実現。真心経営で幸せへの貢献
表4　筆者が作成した経営理念「7W2Hシート」

具体的な経営活動4W1Hに関しては、社員一人ひとりが(WHO)、顧客のそばで(WHERE)、顧客の悩みを聞き(WHAT)、解決できるまで（ＷＨＥＮ）、自分のでき得る範囲で、その悩みに応える（ＨＯＷ）。それが社員一人ひとりの成長を促し、顧客の発展に寄与することになるという内容です。

そして、ライバル社に比べ、人材採用の確率が高い会社という強みを打ち出しました。社員は営業スタッフだけではありません。制作スタッフや事務スタッフも含め、全社員が顧客のそばで、人材採用の確率が高い会社を目指すというのが、当社の経営理念でした。

同時に、社員と顧客は会社にとってイコールパートナーという考え方です。

６Ｗ１Ｈを整理してみると、あなたの会社の強みを踏まえた経営理念が完成します。そして、身内と第三者どちらに事業承継するのか、第三者なら会社（法人）か個人（ＷＨＩＣＨ）、いくらで会社を譲るのか（ＨＯＷ　ＭＵＣＨ）という１Ｗ１Ｈを加えて、事業承継する流れを作ってみましょう。

経営理念を再構築することで、事業承継をスムーズに行うことが可能になるのです。

［第2部］　全員が幸福になるためのアクション

第7章

会社をいくらで、どこへ、いつまでにエグジットするか

論語とソロバンというかけ離れたものを一つにするという事が最も重要なのだ。

（渋沢栄一／日本の武士・官僚・実業家）

査定からスケジューリングまでの4つのプロセス

あなたの会社の強みを知り、経営理念を再確認。キャッチフレーズが用意できました。具体的なアクションを起こすのはもうすぐです。しかしその前に、次の４つのプロセスを経てください。

最初は会社の価値を金額に変える「査定」の段階。

第１部のコラムでも言及していますが、仮に赤字、借金、業績ダウンによって会社には価値がなく、マイナスだからといってエグジットなんてできないと思い込むのは早計です。

売却先が「高くてもほしい」と思う要素は別のところにあります。最終的にはプロに「しっかり査定」してもらうにしても、まずは自分で「ざっくり査定」してみましょう。そのポイントを紹介します。

次に、売却先を探す前の「整理」の段階。

会社の価値を査定できた段階で、今までの情報を「オーダーシート」に書き込んでみましょう。これは、あなたが売却先を探し、交渉する時に支えになるシートです。

また、売却先の対象を絞るために、５つのシナジー効果について言及しました。参考にしてください。

そして、売却先の「探索」の段階。

売却先の探し方として、自分で探す、マッチングサイトを利用する、アドバイザーや仲介者に依頼するという3つの方法をご紹介します。

最後は「スケジューリング」の段階。

いつまでに、どのように行動して会社エグジットにこぎつけるか、私の例をもとにご紹介します。ここではエグジットまでに1年間の期限を設けています。

【査定】あなたができるシンプルな「ざっくり査定」

▼査定の基本の算式を覚えよう

会社バリューチェックシートをご覧ください（表5）。

あなたが銀行から2000万円の借金をしていると仮定します。

今のB／S（貸借対照表）を見ると、純資産が1000万円。これだけだと、1000万円－2000万円で、1000万円マイナスになってしまいます。隣りの廃業と同じです。

ところが、会社エグジットの場合、「将来利益／将来資産」が加算されます。

◆会社バリューチェックシート

		会社エグジット		廃業	
		価値	労力	価値	労力
現在利益	A (B/Sの純資産)	**1,000**	**1**	1,000	2
将来利益	B (P/Lの税引き前当期利益/5年間の平均)×3年分	**1,000**		0	
将来資産	C (のれん代)	**1,000**		0	
D (借金)		**△2000**		△2000	
		＋1000万円		－1000万円	

表5　会社バリューチェックシート

・将来利益
　5年分のP／L（損益計算書）の平均が1000万円とします。これは、数年間は獲得できる「将来利益」です。ここまでだと、2000万円－2000万円で、現在の資産は0円という評価になります。

・将来資産（のれん代）
　これは、社員・顧客資産、保有している特許、会社・商品ブランドを金額換算するもので、「のれん代」と言われています。

　資産はお金だけではありません。将来に渡って業績を伸ばすものを資産と捉えれば、すぐそこに大事な資産があることに気づくでしょう。

売却先は、M&A後のシナジー効果と共に、このような将来資産を評価します。もし、現在の資産や利益しか評価しないのであれば、売却先としては考えものです。

ここでは、のれん代をトータルして1000万円としてありますから、3000万円－2000万円で、1000万円のキャッシュが手に入るということになります。

どうですか？　廃業と比べて、2000万円の差が生じています。しかも、廃業の場合は、1000万円の借金を返さなくてはいけないことになります。

つまり、ざっくり査定の基本は、

現在の純資産＋将来利益＋のれん代

という算式を使い、当てはめてみればいいのです。

（ちなみに、ここでの将来利益は3年分にしてあります）

ここで、会社の価値を測る代表的な方法を取り上げます。

大きく「コストアプローチ」「インカムアプローチ」「マーケットアプローチ」の3つの方法

があります。

・コストアプローチ……企業が持っている資産に着目し、株式の価値を算出する方法。純資産をもとにした評価方法であり、客観的な数値をはじき出すため、純資産をもとにした評価方法になります。この場合、現在の資産価値に重きを置くため、将来性は測れません。

・インカムアプローチ……企業の将来性・収益性に着目した算出方法です。将来価値に重きを置くため、買い手は成長性が見込める事業に着目します。特に、新規事業を考えている買い手にとっては、ゼロから事業を興す必要がない点に魅力を感じます。将来の収益をどれだけ納得のあるものにできるかがポイントになります。

・マーケットアプローチ……上場している同一業種・同一業界の会社の株価をもとに、相場価格を求める算出法。マーケットの実績がもとになるため、比較的客観性が高く、信頼性を高めることができます。類似企業が目安になるので、自社の評価とはイコールではありません。

私の「ざっくり査定」で使った基本の算式は、コストアプローチとインカムアプローチを組み合わせたものです。

現在の純資産（コストアプローチ）+ 将来利益（インカムアプローチ）+ のれん代

	時間	お金	周囲の評価
会社エグジット	・比較的短期間で事業承継できる ・エグジット先との協業のため、手間がかからない	・将来利益やのれん代を手にすることができるため、手元にお金が残りやすい ・手にしたお金が次の人生の準備資金になる ・廃業より税金が安い	・うまく会社エグジットできれば、周りに感謝される
廃業	・思ったより時間がかかる ・自社を清算するため、一人で実施することが多く、手間がかかる	・利益が入るわけではなく、会社を清算／処分するため、お金が残りにくい ・借金返済に苦慮する可能性がある・税金が高い	・社員、家族、取引先、銀行などの利害関係者（ステークホルダー）に迷惑をかける可能性がある

表6　会社エグジット VS 廃業、どちらがお得？

あなたの「ざっくり査定」の段階では、これで構いません。

「しっかり査定」の段階では、会社の価値について、業界や規模、地域によって誤差が出てきますので、詳しくは顧問の税理士や中小企業診断士、アドバイザーや仲介者に査定してもらいましょう。

▼廃業するくらいなら会社エグジットしたほうがいい理由

会社エグジットは将来の資産も評価されますが、廃業はその時点以降の資産は発生せず、あくまで「清算すること」になりますから、会社エグジットに比べて不利になります。

表6の「お金」の列をご覧ください。

会社エグジットでは将来利益やのれん代を手にすることができます。借金があっても、手にするお金と相殺すれば、廃業より有利であることはいうまでもありません。

一方、廃業の場合、将来利益やのれん代はなく、あくまでも清算・処分の領域になります。お金が残らず、借金返済に苦慮する可能性もあります。

例えばあなたの会社が製造業なら、保有する機械設備をいくらで売却するかによりますが、値段がつけばいいとして、逆に廃棄のための費用が発生する場合があります。お金が残らず、借金返済に苦慮する可能性が出てくるのです。

また、意外に知られていないのが「税金」に関することです。株式の売却にかかる税金は、売却益に対して約20%。

一方、廃業の場合は、会社の資産を売却した時に法人税がかかり、清算時に受け取る配当所得に対して所得税がかかります。加算すると、キャッシュを得ても廃業のほうが税負担は重くなります。

次に「時間」の列をご覧ください。

会社エグジットは、売却先との共同作業になりますから、あなたにかかる時間の負担は相対的に小さくなります。また、会社磨きが必要ない場合は、会社を売却する時点までが1年以内というケースが多いため、比較的短期間で済みます。

一方、廃業の場合、プロの手を借りるにしても、単独作業になりますから、時間の負担は相対的に大きくなります。手続きも煩雑で、会社エグジットよりも時間がかかることもあります。また、借金を背負った場合、その返済に長い時間を要してしまいますので、比較的長期間にわたって関わらざるを得ないことになります。

「周囲の評価」の列をご覧ください。

会社エグジットがうまくいけば、社員や取引先、家族などのステークホルダー、売却先に感謝されますが、廃業の場合、社員や家族が路頭に迷ったり、取引先や金融機関の迷惑をかけてしまう可能性があります。

	会社を仮に廃業した場合	会社エグジット	差額
課税所得額	82,858,240	82,858,240	―
所得税額	33,309,700	14,221,200	19,088,500
住民税額	9,246,300	4,142,900	5,103,400
税額合計	42,556,000	18,364,100	24,191,900
実効税率	51.4%	22.2%	―

※退職金は含んでいない
※「会社エグジット」したことにより、廃業した場合に比べ、1.6倍の資金が手元に残った
※「会社エグジット」はここに将来利益とのれん代が加わる

表7　(株) アド ステージ (会社エグジット前の社名) の比較表

いかがでしょうか？

まずは、会社の価値を「ざっくり査定」してみましょう。そうすれば、会社エグジットへの光が見えてくるものです。

私の知人のひとりは、当初は会社エグジットをする予定はなかったのですが、ある会社からオファーが舞い込みました。その提示額の大きさに驚き、最終的には会社エグジットしたという生々しい話もあります。

参考までに、当社の会社エグジット時の状態を数値で取り上げてみました（表7）。売却額は伏せさせていただきますが、仮に廃業した場合とどう違うのか、計算し、比較してみました。

会社エグジットと廃業の間に、大きな差があることがお分かりいただけると思います。

【整理】売却先を探す前に「オーダーシート」で準備万端

▼相手を見つける前に必要なことは？

自分プロデュース　渋沢栄一流「論語と算盤」方式

愛の会社エグジット・オーダーシート

社名	○○○○○○社	所在地	愛知県名古屋市		
設立	1989年10月1日	従業員数	15名		
事業内容	広告代理業	売上高		利益	

会社の強み(S)×機会(O)	キャッチフレーズ
・人材ニーズが高く、採用難易度の高い運輸・物流業界に強い。 ・営業とクリエイティブ両方できる社員が複数いるため、顧客への対応が速く顧客満足度が高い。	うちの会社をひと言で言えば、「人材採用でお困りの方に重宝されている会社」です。

	経営理念
論語	お客様のそばで自己実現。真心経営で幸せへの貢献。

	会社の価値（査定）			
	現在利益	将来利益・のれん代	借金	合計
算盤	1,000万円	2,000万円	−2,000万円	1,000万円

当社の強みをもとにした、シナジー効果（ご同業、お取引先）		
営業力	販路拡大	シェアアップ
名古屋の制作会社　㋐社	東京の同業　㋑社 大阪の同業　㋒社	名古屋の同業　㋓社
新規事業	人材力	技術力
名古屋のコンサル会社 ㋔社	名古屋の人材紹介業の会社 ㋕社	名古屋の営業専門の 広告代理店 ㋖社

その他特記事項

表8　愛の会社エグジット・オーダーシート

会社エグジットを自分でプロデュースするために、必要なものは何だと思いますか？

ひと言で言い切ってしまうと「自信」です。

第1部でご紹介したように、会社の売買において、今は売り手市場です。価値が高ければ、たくさんの買い手が集まってくる状況になっています。

既に価値が高い、もしくは会社を磨いて価値を高くした会社なら、自信を持っていいのです。

その自信の裏付けが「オーダーシート」です（表8）。

ここで、以下の項目を埋めてみましょう。

・会社概要
・会社の強み×機会
・キャッチフレーズ
・経営理念
・会社の価値（査定）

このオーダーシートは、売却先を探し、交渉を有利に進めるためのものと位置付けてください。

下欄の「シナジー効果」を除けば、売却候補先に提出してもいいものだとお考えください。あるいは、相棒である顧問の税理士や中小企業診断士との共通資料。アドバイザーや仲介者に売却先を探してもらう場合のツールと捉えてください。

仮に、このシートを見せなくても、あなたが自信をもって会社の価値をＰＲできるなら、これはあなた自身の覚書です。

自分の大切な子供である会社を自信をもってプロデュースする……このシートは社長業最後の大舞台に乗り出す時の、強力な助っ人になってくれることでしょう。

▼シナジー効果を念頭に探してみる

次に、オーダーシートの下欄にある「シナジー効果」についてご説明します。

これは、売却先を、あなた自身が同業や取引先の中から探す場合、あるいはマッチングサイトで探す場合や、アドバイザーや仲介者に探してもらう場合の道標になるものです。

・販路拡大

初めて起業した時のことを思い出してください。

会社を設立して、自分がやろうとしている事業を軌道に乗せるのは正直、大変です。やってみて初めて分かる大変さがそこにはあります。

扱う商品には自信がある。しかし、その商品の販路を拡大する前に、毎日経費は出ていきます。軌道に乗るまでにお金が続かず、会社を畳む人もいます。「いい販路があったら……」と後悔しても、元も子もありません。

商品に自信があっても、販路をつくるには時間がかかる。

あるいは、既に販路があって会社は利益を得ているが、エリアを広げて会社をもっと成長させたいと思っても、自社でそのエリアを開拓するには時間がかかる。

ならば、その販路を持った会社を買ったほうがいい……これが買い手側の心理です。

早く販路をつくらないと、他の会社が同様の商品でシェアを取ってしまう可能性がありますから、早く手を打とうという意識が働きます。

あなたの会社が、販路拡大にバッチリ応えられる会社なら、そこが売却候補先になります。

・シェアアップ

そのエリア内での売上、取引社数を一挙に上げてシェアアップする。これも、シナジー効果のひとつです。

私の場合のシナジー効果はこれでした。

当然、相手は同業社ということになりますが、2社ともシェアアップがいちばん大きな課題だったからです。

ただし、同業だからとはいえ、一緒になっても必ずうまくいくとは限りません。

売却先は取引社数の多さが強み、当社は1社の単価の大きさが強みというように得意分野が違いますし、扱う商品は同じだとしても、営業方法や企業文化も異なります。

何がエグジットに踏み切る要因になったのか。

それは、「会社は社員の成長のためにある」という考え方が2社とも一致していたからです。シェアアップを目的とし、相手の経営理念と自社の経営理念が重なり合ったのなら、そこが売却候補先のひとつになります。

・**人材確保**

優秀な人材を確保するために会社をM&Aするという動きが、中小企業でも活発になってきています。

望む人材採用がままならず、仮に採用できたとしても、一人前にするまでに時間がかかる。しかも、複数の人材が欲しい。それなら、ということでM&A先を探すのです。

特にIT業界で会社の売買が多いのは、技術の進歩に社員の育成が追いつかず、優秀な人材を抱える会社をM&Aしたほうが早いと考えるからです。

社員教育をしっかり施し、人材を大きな資産にしている会社は高い評価を受けます。

自社の人材資産を日頃から磨き上げておきたいものです。

・**新商品開発**

従来の販路に新商品を投入したいけれども、商品開発にコストと時間がかかる。どうしようかと情報を集めてみたところ、販売したかった商品に似たものを作っている会社があった。それがあなたの会社だった、というケースもあります。

想像してみてください。売却先があなたの会社をM&Aできるなら、自社で開発コストと開発時間をかける必要はありません。

新商品をいち早く販路に乗せるための方法のひとつが会社エグジットなのです。

・顧客資産の確保

今までのビジネスの歴史は、ムダを排除し、生産性を上げることの連続でした。

あなたの会社は、今まで以上に生産性を高める工夫をしているでしょうか？

顧客情報の管理、業務のシステム化、テレワークへの対応、営業のオンライン化……AIやIoTの技術が世の中を一変させようとする中、それはまだ遠い話、今のままでも会社は存続できると思っていませんか？

多くの中小企業は、まだこのIT化に追いついていないのが現状でしょう。

社長や社員が高齢化し、どう準備していいか分からないというのが、実状ではないでしょうか？　そんな時、40代のIT系の会社の社長が、たくさんの顧客資産を持った、あなたの会社に興味を持ったとします。気持ちが動きませんか？

顧客は、あなたの会社でなければ買えない商品やサービスではない限り、新しい時代に対応する相手と取引していくものです。時代に対応できなければ、顧客が離れ、会社の存続が危ぶまれるとしたら、どうでしょうか。

技術革新は一挙に訪れます。そんな時代に、高い技術力を持った会社が秋波を送ってきたら、チャンスではないでしょうか。

以上、5つのシナジー効果について述べてきました。

一番大事なことは、相手があなたの会社を買いたい理由を見抜くことです。

相手の弱みを、あなたの会社の強みがカバーできれば、会社エグジットはうまくいくと考えましょう。

【探索】会社売却先探しの陣頭指揮者はあなた

あなただけの「オーダーシート」を作ってみましょう。

現段階ですべての項目を埋められなくても、こんな気持ちになるはずです。

「会社は、自分が手塩にかけてきた、かけがえのない宝物のような存在」だと……。

その愛情と自信が、あなたが会社エグジットを進める上での担保です。

第1部の第2章で、「会社の売却先は自分で見つけることができる」と書かせていただきました。陣頭指揮を執って、会社エグジットを実現しましょう。

▼同業のライバル社に声をかけてみる

私には、ライバルではあるものの、日頃から社長同士が交流を重ね、情報交換をしている会社がありました。その社長とはカラオケの趣味も一緒で、お互い気心が知れる存在でした。私はこの社長にエグジットの話を持ちかけました。

日常的にはライバル同士であっても、同業同士は業界団体の会合などで顔を合わせることも多く、業界自体が厳しい折などは、同業であるだけに悩みは共通しています。気心が知れれば、悩みを打ち明けあう関係になりやすいものです。

▼顧客、仕入先……取引先は売却候補になる

商品やサービスを購入してもらう顧客の社長とは、必要に応じ、取引の場で顔を合わせていますね。顧客の会社の内容や課題、将来展望などは把握しているはずです。

一方、顧客側も、あなたの会社の内容はある程度知っています。あなたが会社の課題と将来展望を話しているなら、もちろんそのことも理解しています。

商品やサービス、素材を仕入れる仕入先の社長とも、同じようにお互いを知っている仲でしょう。

顧客も仕入先も、事業の流れがつながっていますから、お互いが引き合えば、エグジットしやすい対象といえます。

▼地域のご近所や交流会の社長仲間から人脈を手繰る

友人関係の社長とは、日ごろどんなおつき合いをしていますか？

幼馴染みやＰＴＡ・地域貢献活動、異業種の交流会活動などでのつながりが多いでしょうが、社長仲間や友人は仕事上の利害関係でつき合っているわけではありません。社員や利害関係者にはできない相談を持ちかけられる仲になれます。そして、経営者たちは人脈を広く持っているものです。その人脈を手繰っていくと、売却先が見つかる可能性が高いのです。

▼マッチングサイトに登録する

あなたの周辺で売却先が見つからなければ、次にとる行動は、最近どんどん登場している会社売買のマッチングサイトを利用することです。

会社売買のマッチングサイトとは、文字通りマッチング相手を探せるサービスのこと。中にはマッチングだけでなく、税理士や弁護士などの実務のプロや会社の売買に関わるアドバイザーや仲介者を紹介し、成約までをサポートしてくれるサービスもあります。

手続きとしては、あなたが適していると思うマッチングサイトに登録し、自社の売却情報を掲載するだけです。そうすると、あなたの会社に興味を持った会社もしくは個人からオファーが来ます。

第1章の「買い手より売り手のあなたが断然有利」でも取り上げましたが、現在、買い手の数のほうが圧倒的に多いので、あなたの会社に価値を感じる会社や個人は意外に多いのではないでしょうか。

もうひとつのメリットは、全国の広い地域の案件が紹介されているため、地方の企業のマッチング相手を見つけられることです。また、あなたの会社がどう評価されるかを知ることができます。さらに、たくさんの売却案件を見ることによって、売却価格の相場を知ることができるので便利です。見ていくだけで、さまざまな売却情報に触れることができます。たくさんの仲間がいる事実に安心するのではないでしょうか。さまざまな情報があるので、買い手の立場ならワクワクすることでしょう。

実績、ユーザー数、案件数、料金体系、対応している地域・業種、サービス内容などを比較してマッチングサイトを利用することになりますが、ここでは代表的なマッチングサイトを5

つご紹介します。

● Batonz（バトンズ）……https://batonz.jp/
● TRANBI（トランビ）……https://www.tranbi.com/
● ビズリーチ・サクシード……https://br-succeed.jp/
● M&Aナビ……https://ma-navigator.com/
● スピードM&A……https://speed-ma.com/

他にもありますが、マッチングサイトについては、それぞれの特徴を見ながら比較検討の上、判断してみてください。一度トライしてみて、感触を得てみるのもいいでしょう。

▼アドバイザーや仲介者に依頼する

実務的な時間があまりとれない場合、会社探しを、あるいは会社探しからエグジットまでの実務一式を、会社売買のアドバイザーや仲介者に頼みたいという人もいるでしょう。

第1部第2章の「プロは共にゴールを目指す相棒」において、アドバイザーと仲介者とはどんな存在かを示しました。すべてを丸投げせず、陣頭指揮はあなたが執ることに変わりはないことも伝えました。後は誰に依頼するかだけです。

・信頼できる協力者や、顧問税理士、中小企業診断士からの紹介を受ける
・マッチングサイトからの紹介を受ける

自分から探すにせよ、周りの協力を得るにせよ、あるいはマッチングサイトを利用したり、アドバイザーや仲介者に頼むにしても、あなたがリーダーシップを執ることだけは忘れないでください。

【スケジューリング】1年後のエグジットなら、契約までの期限を6カ月後に設定

ものごとを成し遂げる時は、納期設定を早目にしたほうがうまくいきます。

あなたも、そのような経験が多いのではないでしょうか?

納期ギリギリでは、品質に問題があった場合に納期が遅れ、相手に迷惑をかけてしまいます。補修ができる期間を見込んで、早目の納期設定をするのが定石でしょう。

特に、会社エグジットのような大きな交渉ごとになると、途中で暗礁に乗り上げることもあります。納期設定をせずに、暗礁に乗り上げたままにするなら、いたずらに時間が過ぎ、知らないうちに決裂ということになりかねません。

納期を設定していれば、納期が迫ってくるにつれ、何らかの手を打つはずです。

暗礁に乗り上げ、一向に対策が打てない場合、いたずらに時間を引き延ばしても仕方ありません。埒が明かなければ、1年後といわず、早々に交渉をストップし、次の売却先を探し、新たな交渉のテーブルに着くべきです。

私の場合は2度ほど暗礁に乗り上げましたが、6カ月後に設定していた契約を早めに完了し、納期内(1年)に終えることができました。これも、早期のスケジューリングをしていたからです。

たかがスケジュール管理、されどスケジュール管理です。

1年間の短期「PDCAカレンダー」

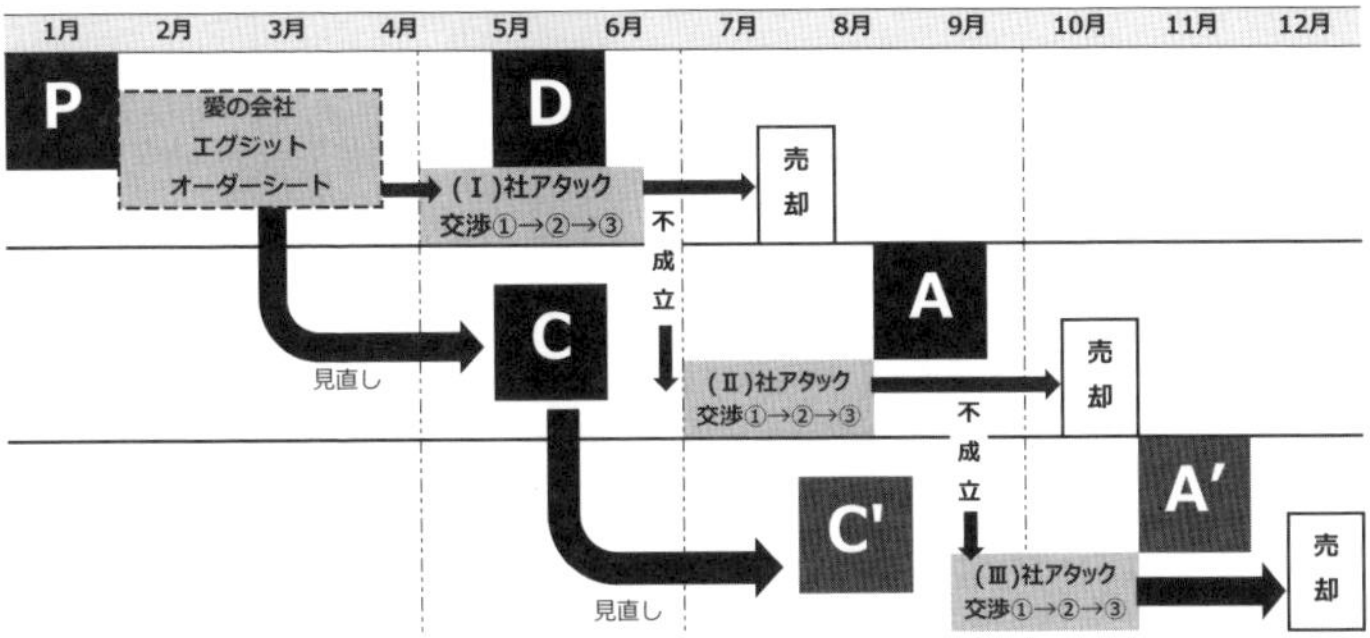

表9　1年間の短期PDCAカレンダー

「1年間の短期PDCAカレンダー」をご覧ください（表9）。1月からの3カ月間で、「オーダーシート」までの作業、売却先探しを終えます。

その中で、候補の会社が3社見つかったとします。

当然、最初はいちばんシナジー効果が高い会社にアプローチするでしょう。

仮に、1カ月に1回、3回交渉して3カ月。ダメなら2社目にアプローチ。そこもダメなら3社目というように考えるなら、3社目との契約終了は1年後になります。

1社目で成立するなら、6カ月後で終了します。

これは、あくまでもデジタルなスケジュール見本です。基本は、会社探しまでの期間は3カ月、アプローチ期間は1社3カ月と捉えましょう。

私の場合は、1社と何度も会って交渉を続け、半年のところを1年かけて会社エグジットするという結果になりました。

column コラム⑥

オールドタイプの社長100人に聞きました

事業承継がうまくいかない人の思考パターン【本音・不安編】

国は事業承継をサポートしてくれない

▼個人保証は解除できる

今までは、会社が銀行から借りたお金を社長個人が連帯保証する、というケースがほとんどでした。会社をエグジットする場合、その個人保証があるせいで、買ってくれる会社や個人はない、と思い込んでいる経営者が多いようです。

確かに、個人保証は重いものですが、仮に個人保証の借り入れがあるにしても、資産を一挙に返済して相殺できるなら、何も恐れる必要はないのです。企業価値が借入金額を上回っていれば、買ってくれる会社が現れる可能性はあります。

ところで、連帯保証を外せることはご存じでしたか?

金融庁と中小企業庁の後押しで作成された「経営者保証に関するガイドライン」という制度があります。これを活用すれば、社長の個人保証を外したり、個人保証なしでの借り入れが可能になります。ただし、会社を公私混同している場合は別です。ガイドラインに合わせて会社と社長の関係を明確にしておきましょう。

▼「事業引継ぎ支援センター」という国の機関

「事業引継ぎ支援センター」は、全国47都道府県に設置され、後継者不在で、事業の存続に不安を抱えている中小企業の社長の相談に対応する国の機関です。

相談の流れは次のようになります。

常駐する専門家が相談の窓口となり、面談を行う➡事業の引継ぎが必要と判断した場合、全国の売り情報、買い情報が集約されている「事業引継ぎ支援データベース」をもとに、買い手情報を紹介➡他、トータルの支援。

相談内容としては次のようなものがあり、専門家がアドバイスをしてくれます。

・後継者がいない。このまま会社は存続できるだろうか
・自社を他の会社に譲渡したいが、進め方が分からない
・自社の評価額をどう計算したらいいか分からない

また、アドバイザーなど、たくさんの民間の専門家が登録しており、要望によって具体的な会社売却の支援を行っています（有料）。

▼事業承継時に贈与税・相続税を猶予する制度がスタート

国のサポートとしては、以上の他に、2018年度の税制改正で、事業承継税制が拡充され、2018年4月から、中小企業向けに10年間の特例措置として、事業承継を行う際の贈与税・相続税の納税を猶予する仕組みがスタートしています（個人向け事業承継税制は2019年1月から10年間）。また、2021年度の税制改正では、「経営資源集約化税制」の施行が予定されています。これは買い手側の企業が計画認定を受けて適用できるもので、税金を減税または繰り延べることのできる特例措置です。

このように、国はあなたの会社エグジットを支援しています。

第8章

交渉の場・契約時に失敗しないための「14呼吸」

誰もあなたの代わりに
行動してくれる人はいない。
（オグ・マンディーノ／アメリカの自己啓発書作家・講演家）

成功に導くための心構え

シナジー効果の高い会社の売却先が見つかったら、いよいよ相手の社長との交渉の場につくことになります。

あなたは、今まで育ててきた自分の会社を客観的に診断し、売却先に売り込む準備ができているとします。

自信があるのなら、自分のペースで交渉をうまくまとめられるかもしれません。

しかし、相手も経営者です。それまで知らなかった会社を買収するわけですから、当然客観的でシビアな目で見るはずです。

また、これは売買の原則と言ってもいいものですが、売り手はより高く売ろうとしますが、買い手はより安く買おうとします。

そのような買い手の立場を理解して交渉の場に臨まないと、うまくいくものもうまくいかなくなる可能性があります。

これまでのビジネスの中で、社長同士で商談を重ねてきた経験を思い出してください。

安易な妥協をして、失敗したことはありませんか？

自説を押し通して、取引先を失くしたことはありませんか？

どのような交渉をするかを事前にシミュレーションし、「失敗しない14呼吸」を整えておきましょう。「14の呼吸」（アニメの大ヒット作『鬼滅の刃』で編み出された「全集中の呼吸数」）は、私の経験や会社エグジットした社長仲間たちの経験を通して得た呼吸法です。参考にしてください。

交渉時のNGルール10

① 口の軽い人に話す

「これ、誰にも言わないでね」

相手にそう言って、裏切られなかった人、いるでしょうか？

これは、相手が実は口の軽い人だった場合、「誰かに言ってください」とお願いしているようなものです。子供時代からのことを思い出してみましょう。誰でも必ず経験がある……と断言してもいいでしょう。

軽はずみな言葉は会社を売ろうとしている局面での行為としてはタブーです。人は、話を秘密として制限されると、誰かに話をしたくなるもの。

口の堅い人でも、いつか必ず、ほかの誰かには話すものです。そうすると、その中にさらに口の軽い人がいたら、話に尾ひれがついて広がっていきます。

会社エグジットが終了してからであれば、問題はないでしょう。

むしろ、「あの人は、会社を売ってよかったね」という噂を、それこそ口の軽い人を通じて広めてもらえばいいのです。


では、だれに相談するのがいいのでしょうか。

答えは簡単です。

それは、運命共同体の中で大事な関係性を持つ人たちです。

苦楽を共にしてきた家族、社員、ブレーン、取引先などのステークホルダー（利害関係者）です。

会社エグジットが成立する前に、ステークホルダー以外に、「これ、誰にも言わないでね」と言うこと自体、ナンセンスなのです。絶対に言ってはいけない相手は、利害関係のない人というのを肝に銘じておきましょう。

知人A「私にだけ言ってきたけど、あの人、会社売るみたいよ。人には言わないでね！」
Aの知人B「あそこの会社、業績悪いからどこかに引き取ってもらうみたいだよ。人には言わないでね！」

Bの知人C　「あそこの会社、つぶれるみたいだよ。人には言わないでね！」

かつて、この伝言ゲームが原因でつぶれた銀行があります。

そのような事態に陥らないように、事前に人間関係をカテゴライズしておきましょう。

たとえば、あなたが親友だと思っていた相手に、

「私の会社を○○さんに売却しようと思うんだ……誰にも言わないでね」

と釘を刺しつつ、売却先を親友に言ったとします。

　すると数日後、

「君の会社、売るの？　そんなことないよね？」

　と、仕入先の担当者が不安げな顔で訪ねてきた。

「君の会社、○○社に売るんだって？　これからはそこに仕事頼まなくちゃいけないの？」

と、ぶっきらぼうな声で大口の顧客から連絡が入った。

「社長、会社売るんですか？　僕、転職しなくちゃいけないんですか？」

と、今にも泣きそうな顔でベテラン社員が駆け込んできた。

　これらは十分あり得る話です。

　会社の売却情報が流れると、運命共同体の利害関係者に迷惑がかかり、風評被害によってまとまる話もまとまらず、「あの会社、倒産するらしいよ」という根も葉もない噂が広まって会

社を存亡の危機に立たせるかもしれません。

会社をエグジットすることについて、言わざるを得ない大事な関係者以外には口外はしない……。オーソドックスではありますが、これしかありません。

利害関係者と「守秘義務契約書」を結ぶこともあります。また、利害関係者に話をする時も、会社の売却先と基本契約書や最終契約書を交わすまでは、「仮に会社を売却するとしたら……」とか、「……まだ決定したわけではないけどね」などと、白紙に戻る可能性もあることも含め、あくまでも仮定の話として伝えることです。

そして関係者以外の人たちには、会社エグジットが決定し、最終契約書を交わした後で、会社とのつながりにおいて重要な人から順に伝達していくことです。

② 偉そうな態度

たとえば、3社から、あなたの会社を買いたいというオファーがあったとします。

「うちの会社は価値が高い！」

そう思うのは当然です。是非とも納得できるキャッシュを手にし、有利な条件で社員を受け入れてもらいましょう。

しかし気をつけてほしいことがあります。

「うちは、買い手の会社を選べる、上の立場なんだ!」

その思いが交渉の場で態度に現れたら、相手の心証を害してしまいます。

あなたが接触した3社の中で一番いいと思っていた会社が真っ先に手を引きます。

(えっ!そんなことあるの?)

そんなこと、あるのです。

あなたが売却したいと思う会社は、他の会社も交渉したいと考えている可能性が高いからです。

あなたが、もしその会社からもっと高い売却額を引き出そうと画策し、時間を引き延ばそうとしたらどうなるでしょうか?

相手は、その上から目線の態度に悪い印象を持つはずです。

それなら、他の候補の会社のほうが謙虚だから、そっちと交渉しよう……そう思い、相手はあなたの会社から手を引くのです。実にもったいない話です。

交渉の場には謙虚な気持ちで臨みましょう。そして、冷静・客観的な視点で相手をチェックしましょう。

・社員を有利な条件で受け入れてくれる会社か

・今まで築いた顧客資産をさらに大きくしてくれる会社か
・一緒になることで、社内外に大きな社会的価値を生むことが期待できる会社か
・うちの会社を適正に評価してくれる社長か

このような謙虚な視点で相手に接することが大切です。

あなたの会社を買収することで自社の将来価値が高くなる、というA社の社長。

あなたの会社を買収することで保有するキャッシュが増える、というB社の社長。

あなたは、どちらに会社を売却しますか?

選択は人それぞれだと思いますが、私の場合はA社でした。

B社は、人材や顧客の資産価値よりもキャッシュ優先の傾向があり、退職者を生み、顧客からの注文を逃しかねません。私なら、B社の提示額がA社を上回っていたとしても、A社を選びます。なぜなら、A社は、こちら側の社員や顧客資産を大事にしてくれる愛ある存在だからです。

嫌らしいやり方かもしれませんが、A社の提示額をもとに、B社のラインまで引き上げるための交渉をしたほうがいいでしょう。複数のオファーがあるということは、有利な立場であることに変わりはありませんので。

しかし、あくまでも謙虚に、が基本です。

③ 卑屈な態度

昭和の時代、「お客様は神様です」という言葉がまかり通っていたことがありました。平成元年に30歳を迎えて独立した私からすれば、これは脳に刷り込まれ、体に沁み込んだ言葉でした。

この言葉の良し悪しを、ここで論じるつもりはありませんが、今のゴールド世代は、そのような時代に前線で仕事をしていたということです。

お客様は私にお金をくださる尊い存在――。すべてとは言いませんが、そんな思いで経営してきた過去を持つ社長は多いことでしょう。

「明日までに仕上げてこい！」
「こんなんだったら、金は払えん！」
「そこを何とかするのが君の仕事じゃないのか？」

無理難題を押しつけられ理不尽なことを言われても、「わかりました」とがんばる。お客様が感情を害したら土下座もいとわない……そんな記憶がフラッシュバックします。

あなたは、どのような過去を思い出しますか？

現在では、無理難題を言う理不尽なお客様は神様ではありません。ハラスメントをするモンスターとして忌み嫌われます。

昭和時代の習慣が顔を出し、会社エグジットの交渉の場面で下手に出ることだけは避けましょう。

あくまで、契約を結ぶまでは対等です。それを忘れないようにしてください。その卑屈な行動の背景には、どのような思いが隠れているでしょうか？

下手《したて》に出るという卑屈な行動をとった結果を想像してみてください。

・高く売りたい
・何が何でも売りたい
・早く売りたい

金額とスピードが、思いのほとんどを占めているはずです。

思いの中に、社員や家族、売却先の今後の幸せは、どれぐらい入っていますか？

早く売り抜けたい一心で売ったとしても、卑屈な態度から出た話を真に受けた売却先が、話が違うとクレームをつけてくることだってあります。

交渉には、対等の意識で、そしてゆとりを持って臨みましょう。

相手はお客様ではありません。会社を譲渡するパートナーです。互いの将来の幸せをマッチングするパートナーであることを忘れないでください。

④ 誇大情報を流す

自分の会社が持つ力量以上のことを「できる」とは言えません。

なぜなら、一緒になった場合、実はできないことが明らかになり、信頼を失くしてしまうからです。

「できる」と宣言してからがんばるというのは、取引先に対する営業の場面ではありうることですね。それが功を奏することもあれば、芳しくない結果に終わることもあります。

しかし会社エグジットの交渉の場では、事実を事実として情報交換しないと、信頼関係が揺らぎます。売れる会社であっても、売れなくなってしまいます。

虚偽の情報の内容によっては、後日損害賠償を請求されるケースもありますから、注意しましょう。会社を売却した後も会社は継続するのです。これまで築き上げてきた実績とこれから、そして社員たちの将来を考え、相手の会社には正当な情報を提供するように心がけてください。

もちろん、情報を改ざんすることなどは論外です。

会社を高く売却したいのなら、ある程度の期間を設け、会社を磨き上げてから交渉の場に臨みましょう。

⑤天秤にかけすぎる

さて、あなたは、会社の売却先はA社が望ましいと思っているとします。

ところが、A社の社長は、いくつかの会社と交渉しているようです。きっと人気があるのでしょう。第1回の交渉から3カ月が経とうとしているのに、A社の社長と会ったのは2回だけ。うちの会社のどこを評価しているのか、そもそも評価自体されているのか、どうもはっきりしません。

そんな中、B社とC社から、あなたに声がかかり始めました。

あなたはどうしますか？　このままA社を待ち続けますか？

この場合、A社は時間を引き延ばし過ぎです。せめて、途中の状況をあなたに伝えなければなりません。

基本合意に至っていないのであれば、あなたも他の企業と交渉する自由があります。基本合意後であれば、結果はどうあれ、1対1の相対交渉になりますから、ルール上他社とは交渉できません。

もし、基本合意をしているにもかかわらず、A社が他社とあなたの会社を天秤にかけて時間を引き延ばしているのであれば、それはルール違反ですから、なるべく早く相手の意図を確認し、結論を下すべきでしょう。ビジネスのシビアな目と互いの信頼関係のバランスを取るのは難しいことですが、会社エグジットに関していえば、やはり信頼の上で契約が成立することが望ましいと私は考えます。

同様に、売却側のあなたも同じような過ちを犯してしまう可能性があります。注意しましょう。

⑥話のテーマは金ばかり

渋沢栄一氏が執筆した『論語と算盤』という本があります。

渋沢氏は、「実業の父」「近代日本資本主義の祖」と呼ばれ、明治時代に500社以上の会社の設立や経営などに関わってきました。

会社経営は、倫理に外れず社会のために行動するという「志」と、経済活動で利益を上げるという「お金」の両輪があって初めて成立するということを記した本です。つまり、道徳と利益は両立するという考えを世に浸透させたのが渋沢氏だったのです。

この考えを会社エグジットに当てはめてみると……理念にこだわる経営者と、数字にこだわる経営者が共に歩めば、互いの強みによる相乗効果によって、強い組織になれるということではないでしょうか。

私の場合、会社の売却先の社長は数字に強い社長でした。

一方、私は、数字よりも経営理念にこだわるタイプです。

もちろん、彼は数字にこだわるだけの人間ではありませんでした。

社員の成長があってこそ、会社が成長する。その考えが一致したからこそ、会社エグジットが成立したのですから。

単に、お互いの弱みを強みでカバーし合うだけでは、会社エグジットは成立しないということです。

社員や顧客よりも数字優先で経営をかじ取りしている社長がいます。

そういう経営の仕方もあるでしょうが、私は個人的にはその考え方に合わせることができませんでした。なぜなら、会社を売却した後の社員や顧客の幸せが見えないからです。

社員が退職したり、顧客が離れていったりする予感をどうしても感じてしまうからです。

買収金額を抑えようと何度も交渉してくる社長は、無形の「のれん」よりも、こちら側の価値をお金だけで判断しようとするものです。

自分が大事に育ててきた存在を、軽視するような社長なら、お断りしましょう。その社長から出てくる言葉の大半がお金に関することだったら、注意してください。

それは、こちら側も同様です。高い金額で成約するために、終始お金に関する話を持ちかけたら、相手も引いてしまうでしょう。

⑦会社の実体が見えない

相手の社長と会う場合、ホテルのミーティングルームだったり、レンタルの会議室だったり、会社とは別の場所を使用するケースが多いようです。社内外にはクローズの話なので、これは当然の選択肢でしょう。

ところが、こちらが会社訪問を要望しても曖昧なまま、なかなか訪問できないという状態が続いているとします。

先方からも、こちらの会社への訪問の要望は特にありません。

あなたは、どうしますか？

最終的に、互いの会社を見ることなく契約を結びますか？

30年間、中小企業の人材採用の仕事をしてきた経験からするとそれは×です。

この交渉ごとを求人広告の営業に例えるならば、実体のはっきりしない会社➡求人広告の掲載をお断りする可能性が高い会社として、用心しながら対応します。

こっそり訪問してみると、そのビルには別の会社が入っていたり、社員がひとりもいなかったりすることがあるからです。予想どおり、実体のない会社というケースが多かったのです。

今は、オンライン営業が当たり前になってきていますから、さらに注意する必要があるかもしれません。

お互いに、会社訪問し合うことを約束しましょう。

どんな社員がいて、どんな対応をしてくれるのか、社内は活気があるのか、静かなのか、社員に声をかけて反応を見るのもいいでしょう。

まだクローズな段階だから、顔を知られないほうがいいのでは?……そう懸念する方もいるでしょう。しかし大丈夫です。

取引先であるとか、同じ団体で活動する社長仲間であるとか、便宜上そのように公言して訪問すれば、何ら問題ありません。生の情報でしっかり相手の会社の実態を把握しておくことをおすすめします。

刑事や探偵の真似事になってしまいますが、相手の評判を、ご近所、同業、仕入先などから入手するのもいいですね。

一生に一度の大事な交渉事です。検討する上で、生の情報は貴重。YES、NOの判断がつけやすくなります。

あなたのほうも同じです。会社をしっかりと見せ、その価値をしっかり生の情報で示しましょう。

⑧プロ任せにする

会社をエグジットすると決めたならプロを相棒にしましょう、とお伝えしました。

しかし、任せっきりはいけません。

一方で、相手がもし、あなたの会社を買収することをプロの仲介者やM&Aアドバイザーに任せっ放しにしているとします。

すべてM&Aのプロが仕切り、交渉の場では、相手の社長は気のない素振り。発言はプロを介してのみ伝えられる……。

もし、このようなやり取りが続いたら、話を進めても徒労に終わるかもしれません。

なぜなら、買収側は、自社にとって有利かどうかの判断をプロに委ね、あなたの会社に自分で真剣に向き合おうとしていないからです。

会社の買収をプロに任せっきりにする社長とは、交渉するだけムダです。会社は物ではありません。

もちろん、プロとして社長の代理で臨んでいるわけですが、M&Aアドバイザーは相手側の最大利益に貢献することが仕事です。仲介者は半分、相手側の利害関係者です。

プロですから、交渉ごとに慣れている分、話は早いでしょう。しかし、相手の代表者である社長と直接話をしなければ、相手の会社の社風は見えませんし、真意もつかめません。

あなたもプロに任せすぎると、相手にそう見られるということです。

プロは頼りになる相棒にすべきですが、責任を取ってはくれません。プロにおんぶに抱っこはいけないのです。

あなたが陣頭指揮を執って交渉の場に臨んでいるなら、相手の社長にも同じ態度を望みましょう。くどいようですが、必ずあなたが陣頭指揮を執ってください。もちろん、隣りにプロの相棒を従えて。

⑨ 岩のように譲歩しない

自社の価値はこれ！　と、自信をもって相手に伝える……このこと自体は基本的に問題ありません。基本的というのは、客観的に見てもリーズナブルであれば、ということです。

ただし、リーズナブルにも幅があります。

現在の資産価値に将来利益やのれん代をどう乗せるかを考えた時、それは形に見えるものではなく、時間が経たないと確定しない利益ですから、どうしても幅が発生してしまいます。

私は、最初に提示した金額の中には、将来利益を5カ月分乗せました。

それが果たして妥当かどうかは、売り手と買い手の握手、つまり合意で決めるしかありません。3カ月かもしれませんし、7カ月かもしれません。

自社の価値はこれ！　と明確に提示するのもいいのですが、交渉の幅は持たせておきたいものです。現在の資産価値には譲れない部分がありますが、将来利益や「のれん代」をどう金額換算し、どのぐらいの幅を設けておくかが、交渉を有利に進める方法です（「のれん代」は、企業のブランドや技術力、社員の能力など、非金銭的な無形資産を金額に換算したものであり、いわば将来の資産価値です）。

まったく譲歩をしないのでは、せっかくの縁を逃してしまいます。交渉に臨む前に「小さな譲歩」の幅を、あらかじめ用意しておきましょう。

⑩ なぜか焦る

結論を急ぐ人は、はたから見ると「訳あり」と思われます。
もしあなたが結論を急ぐとすれば、それはどのような理由によるものでしょうか？

・相手からいい条件提示があったから、早く決めたい
・早く第2の人生を歩みたい
・早く今の状況を抜け出したい

これは、前向きな焦りですね。
一方、こんな理由はありませんか？

A　病気がちなので、早く決着をつけたい
B　業績が悪化しつつあるため、今のうちに決めたい
C　簿外債務があるので、早く売却したい

これは、隠し事をして交渉を焦る場合ですね。

気をつけたいのは、「隠し事」を持ちながら交渉することです。

Aの場合は、状況を説明し、むしろ交渉を早めてもらったほうが得策です。

相手が欲しいのは、最終的にあなたの会社です。あなたが健康な状態の時に、統合までの手続きを終えておきたいと思うはずです。

BとCの場合は、後でモメる可能性が大です。買収後に顧客が離れていけば、価値が棄損されます。簿外債務が発覚したら、買収側がツケを払うことになります。

もちろん、「逆も真なり」です。相手の態度に焦りを感じた時は要注意です。

会社エグジットは、全員が次に幸せな人生を歩むためのスタートラインです。隠し事のために焦るのはナンセンスです。前述した「前向きな焦り」にも注意しましょう。相手の懸念を誘い、うまくいく交渉も×になる可能性があります。

契約前・契約後のGOODルール4

①契約前にエグジット先の幹部に会う

契約前にお互い会社の幹部に会うことによって、会社のリアルな存在感をキャッチできるものです。私の場合はそうでした。相手側の幹部2人と食事しながら、次の3点を聞き出しました。

・御社の魅力はズバリ何か？
・御社の将来はどうなっていくと思うか？
・なぜ、社長についてきたのか？

2人の答えを聞き、私は「うちの社員がここに移籍しても成長できる」と確信したのです。

②契約書はこちら側でつくる

あなたが陣頭指揮を執って、自分のペースで会社エグジットを進めるなら、契約書のひな型はこちら側でつくりましょう。

あなたのつくったオーダーシートで、自分の会社の価値に自信を持ったなら、それを契約書に反映させましょう。そうすれば最初の基本契約書のひな型は、こちら側からの提案書に変わりますから、それをもとに話し合いを進めることができます。税理士、弁護士、中小企業診断士などのプロに、納得のいく契約書＝提案書をつくってもらいましょう。

③「表明保証」は会社エグジットを保証するもの

最終合意書の中には「表明保証」条項をつけるケースが多いことを頭に入れておきましょう。表明保証とは、契約時には明らかにされていなかった隠し事、つまり問題が発覚した場合、売却側に責任を取ってもらうというものです。

契約後にモメ事や問題が発生したら、統合（PMI）もうまくいきません。表明保証によって、契約違反をした場合、あなたは損害賠償を請求されるかもしれません。

最初の交渉では、負の部分を含めて、互いにしっかり情報を開示しましょう。

売却後の統合が失敗に終われば、あなたも相手も大きな傷を負ってしまうことを忘れないでください。

④プロデューサーは利害関係者に堂々と語れる

会社エグジットの契約が成立した後のことを考えてみましょう。

大事なのは、会社エグジットを利害関係者に伝える必要があることです。

次章で解説する統合（PMI）を成功させるためには、まず、今回の会社エグジットが、関係者のみなさんのための行動だったという真意を理解してもらうことです。

私の場合は、事前に幹部3人との合意がありましたから、社員一人ひとりに対して前向きに話すことができました。不安を感じた社員もいましたが、これからの具体的な道筋やビジョンを示し、理解してもらいました。

次に主要取引先や金融機関を訪問し、事情を説明しました。その中で会社エグジットに反対を示す人はいませんでした。

自分が陣頭指揮を執って進めることができれば、最終的には利害関係者に対して、堂々と会社エグジットという事業を語れるものです。

column コラム⑦

オールドタイプの社長100人に聞きました

事業承継がうまくいかない人の思考パターン【本音・不安編】

どうしても身内に事業承継したい

もしあなたが、あくまでも身内への事業承継にこだわるなら、会社エグジットと比較することをおすすめします。

身内の後継者がいるのであれば、安心ですね。オーナー家としての権利を従来通り行使できます。そして、身内の気楽さから、後継者に影響力を与えることができます。

ただし、後継者の育成には多くの時間を要します。また、身内であるがゆえに後継者との対立構造ができやすく、社員がそれに巻き込まれて社内の統制が取れない状況に陥ることがありますので、要注意です。

一方、会社エグジットの場合はどうでしょうか？

短期間で事業承継でき、あなたが描いた次の人生に早くシフトすることができます。今まで抱えていた重い責任から解放され、ストレスフリーになれる。エグジットで手に入れたキャッシュが、次の人生の元手になります。

しかし、会社の価値が低ければ、売却先はなかなか見つかりません。あるいは、売却できたとしても納得できるだけのキャッシュを手にすることができないかもしれません。

その場合は、少し時間をかけ、会社の価値を上げるための「会社磨き」をする必要があります。ただし、会社エグジット後は、あなたはこれまでのような影響力を発揮することはできません。

仮に身内に事業承継するにしても、いちど会社エグジットを天秤にかけてみましょう。そうすれば、単に〝こだわる〟のではなく、何をどうすれば身内への事業承継がうまくいくかがはっ

メリット・デメリットを見える化してみよう

	身内への事業承継	会社エグジット
メリット	・安心して事業承継できる。 ・社長を卒業しても影響力を行使できる。	・短期間で事業承継でき、重い責任から解放される。 ・次の人生に早くシフトできる。 ・キャッシュが手に入る。
デメリット	・後継者育成に長い期間が必要。 ・身内との対立構造ができやすく、社員がそれに巻き込まれやすい。 ・オーナー家としての責任からは逃れられない。	・会社の価値が低ければ、売却先が見つからない。 ・会社エグジット後は、従来の影響力は行使できない。

表　身内への事業承継と会社エグジットの比較の例

きりします。

どうしても身内に事業承継したいと考えているのなら、会社エグジットとの比較を見える化してみましょう（表）。メリット、デメリットを眺めていると、単なるこだわりではなく、身内への事業承継の可能性が明らかになるでしょう。

第9章

「愛の会社エグジット」では契約後のPMI（会社統合）が大切

リーダーとは、「希望を配る人」のことである。

（ナポレオン・ボナパルト／フランスの軍人・皇帝）

PMIで総仕上げ

あなたの陣頭指揮ならびに相棒の活躍によって、納得できる売却先が見つかりました。もうすぐ最終契約書にサインする段階です。

今回の会社エグジットによって、大事な自分の会社の強みと価値を再認識しました。

そしてそれを言語化して提示することで、シナジー効果のある売却先が見つかったのです。

交渉の席に相棒と共に着き、相手と握手をすることができました。

ホッとすると同時に、大事な宝物を渡す寂しさが心に押し寄せてきます。

「このまま、社長は引退になるのか……」

いいえ、まだあなたがなすべき仕事は残っています。

しかも、それは会社エグジットという舞台のいちばん重要な、社長としての総仕上げの場面です。それは、売却先にしっかり会社を引き渡し、社員や取引先の幸せを確認し、見届ける仕事です。

この最後の仕事を「統合」（PMI：Post Merger Integration）と呼んでいます。

統合効果を最大化するためのプロセス。この仕事を完了して初めて、社長を卒業することになるのです。それは決して寂しい引退ではありません。なぜなら、次のあなたの新しいステージが待っているからです。

ゴールド世代は元気です。決して、「老兵は死なず、ただ消え去るのみ」ではありません。

決定1年＋ＰＭＩ1年＝2年。会社磨きを入れたら計3年

会社を売却するまで1年かかるというのは分かるが、会社の引継ぎや統合（ＰＭＩ）で、なぜさらに1年も仕事をする必要があるのか？　後は売却先の仕事ではないのか？……あなたはそう思うかもしれませんね。

でも、それは逆だと考えてください。

会社の引継ぎ・統合がうまくいかなければ、会社を売却すること自体が失敗だったということになります。

自分の会社の強みと相手の会社の強みが融合することで会社エグジットは完成します。かたちの上では最終契約書の調印で終了ですが、その時点では、買収側はあなたの会社の設計図を買ったにすぎません。実際は統合し稼働して初めて、設計図通りにシナジー効果が発揮できるかが明らかになります。買収側は元社長に、しばらく会社に在籍してＰＭＩに協力してほしいという条件を提示する場合が多いのは、そういった理由からです。

会社に「残る」のではありません。仕上げの重要な舞台で共同作業を行うということです。

買収側の思いは次のようなものです。

・元社長にしばらくいてもらわないと、受け入れた社員や取引先を失ってしまいかねない
・会社は1年サイクルで動いているので、1年は引継ぎ期間がほしい

これに対して売却側の思いはこうです。

・早く身軽になって、次の人生のステップに進みたい
・しかし、大事な会社の行く末にまだ不安が残っている

この2者の思いをマッチングし、それらを遂げるためにPMIがあるのです。
会社エグジットは売却してお金を手にするだけで終わるのではありません。

・売却して利害関係者の幸せを確認すること
・社長を卒業した後の人生シナリオを描いておくこと

この2つを加えてこその会社エグジットなのです。
そして、そこに愛があるから本書が唱える「愛の会社エグジット」なのです。

<自分プロデュースで愛の会社エグジット>

(前年12月に最終契約した場合)

1年間の会社統合(PMI)スケジュール

自分用

			1月	2月	3月	4月	5月	6月	7月	8月	9月	10月	11月	12月	
事業計画	売上高	予													
		実													
	利益	予													
		実													
会社	株式譲渡		➡	他、各種手続き											
	保有財産の引き継ぎ		➡	➡	➡										
新社長にバトンタッチ	訪問	関連	仕入先	外注先	顧問先	金融・行政関係		加入団体							
		顧客	➡	➡	➡	➡	➡	➡	➡	➡	➡	➡	➡	➡	
	会社情報の引き渡し		➡	➡	➡	➡	➡	➡							
	会社業績のチェック		○	○	○	○	○	○	○	○	○	○	○	○	➡ 決算
	従業員の相談役		➡	➡	➡	➡	➡	➡	➡	➡	➡	➡	➡	➡	
エグジット後の自分の人生			➡	➡	➡	➡	➡	準	備	➡	➡	➡	➡	➡	➡ 卒業

表10　1年間の会社統合スケジュール

「1年間の会社統合（PMI）スケジュール」をご覧ください（表10）。

便宜上、前年12月に最終契約を交わし、1月からスタートしたことにします。

縦軸がやるべき項目、横軸が期間です。

当然ですが、PMIの最中でも、ビジネスは止めることができません。事業計画に基づき、引き続き売上・利益を上げていく必要があります。

その中で、次のような活動をしていきます。

▼会社としての引き渡し

・株式譲渡／契約書に基づいた各種手続き／保有財産の引継ぎ

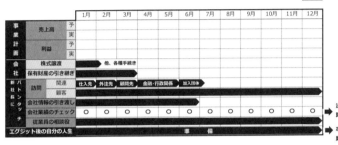

▼新社長にバトンタッチ（一緒に活動）

・同行訪問（関係者や顧客への紹介と交流）

①仕入先、外注先、顧問などのブレーン、金融・行政機関、加入団体

②大口顧客を中心とする顧客

・会社情報の引き渡し

・実務の引き継ぎ

・月次の業績チェック

・従業員の相談役（当初は一人で実施：会社売却後の従業員の不安を払拭することが目的）

▼2社の差異を埋める作業（一緒に活動）

たとえ同じような業態・業容だとしても、2社の間で人事制度、評価制度、営業方法などには当然違いがあります。その差異をPMIの期間に埋める必要があります。これは、社長同士がスクラムを組んで実行しましょう。

会社は1年単位で動いています。

この1年の間に、あなたが去っても会社が存続する状態をつくっておけばいいのです。もれのないPMIができれば、1年で卒業することが可能というわけです。

その一方で、最終契約によって、重責という荷物を下ろすことができるわけですから、PMIに費やす1年の間に、会社エグジット後の自分の人生の準備をしておきましょう。

PMIは、次のステージに向かうための「断捨離」の期間といえるかもしれません。

このように、会社の売却先との出会いから最終契約まで1年、引継ぎと統合（PMI）に1年、計2年であなたの「愛の会社エグジット」は完成……このようなイメージをもってプロデュースしていきましょう。その前に磨き上げが1年必要であれば、計3年が「愛の会社エグジット」期間になります。

column コラム⑧

事業承継で悩んでいる社長の駆け込み寺
――中小企業診断士・森藤啓治郎氏のご紹介

「先の見えない不安という地獄を中小企業の社長に味わってほしくない」

破産経験をした後、悩める経営者のそばに寄り添う中小企業診断士になった森藤啓治郎氏の話です。このコラムでは、私がこれまでお聞きした森藤氏の話を紹介します。

森藤啓治郎氏と名刺を交換した時、すぐ目に入ったのは、「一期一会」という手書きの文字でした。この言葉にこだわったエピソードのひとつとして、名刺にこう書きこまれています。「三つの真実」の本を通じて、妻や子供を行動や結果で評価するのではなく、ただ存在しているありがたさに気づくことができました。

彼はサラリーマンを経験した後、父親に求められ、運送と倉庫事業を営む会社を継ぎました。継いだ時は30人の小規模の会社でしたが、森藤氏は拠点を6つに増やし、トラックを50台所有し、120人の従業員を抱える会社に発展させました。やりたくなくても、受け継いだ限りは会社を成長させる……、それが当たり前のことだと思ったと述べています。

ところが、2009年のリーマンショックによって、売上が3カ月で6割減。特に、収益の柱となる自動車メーカーの売上の大幅減が響き、所有するトラックを30台に、従業員は60人に半減しました。

その後、10年間かけて立て直しを図り、会社は復活の兆しを見せていました。

ところが、借りていた倉庫が老朽化したために別の建物に建て直すという話をオーナーから打診され、結局そこを出ることになり、ひいては倉庫業から手を引くことになりました。

何とか、社員と顧客を倉庫のオーナーの会社に引き継いでもらうことができましたが、先代から引き継いだ自分の会社は破産せざるを得ませんでした。この時、森藤氏は、つらく身を切る思いをしたといいます。

いったんはサラリーマンに戻った森藤氏でしたが、彼は再起を図りました。

世のため、人のため、中小企業診断士として、悩める中小企業の社長を救おうと一念発起したのです。

しかし、彼が中小企業診断士の資格を取ろうとして勉強を始めたのは実はその時ではありません。10年前にさかのぼり、リーマンショックで会社の売上・利益が激減した時期でした。なぜ、その時期だったのでしょうか?

「お金が入ってこない恐怖が耐えがたかった。だから、そうならないために勉強した。それが、中小企業診断士の資格を取ることにつながったんだ」

森藤氏はそう言います。

彼は、リーマンショックの3年後の２０１２年に資格を取得し、会社の再建を図りながらも、兼業で50社ほどの経営者の悩みに応えてきました。そして、会社を畳んだ後の２０１９年、中小企業診断士として、名実共に専門家として活動することになったのです。


森藤氏のすごさは何だろうか……、と私は自問自答してみました。そして、これだと確信したことがありました。先が見えずに悩んでいる経営者に、自分と同じ思いはさせたくない……そう思って行動を起こしたのが、リーマンショックで会社がどん底になった時だったことです。

彼はこう言っています。

「会社を畳む時、自分はどうなってもいいと思った。でもね、顧客と社員、その2つだけは、何が何でも存続させなくてはいけないと思ったんだ。それが自分の拠り所、原点だね」

彼は、傾いた自分の会社を復活させようとしながら、資格を取って、空いた時間に悩める経営者の相談に乗っていました。

この行為は何を物語るのか……。自分の会社の現状と将来に正面から向き合え、という教示ではないか。私はそう感じました。

森藤氏は、２つの事例を示してくれました。

・廃業するしかない会社には、延命することで傷を広げてほしくない。だから、「早く廃業しなさい」と言い切るケースもあった
・それまで気がついていなかった資産価値を社長が発見し、その資産を売却して借金と相殺。会社をエグジットしてもらい、キャッシュを残したケースもあった。

彼は、会社を売却することがすべてではないと言います。いたずらに時間を費やして傷を広げるくらいなら、一刻も早く廃業したほうがいい。でも、資産価値がどこかにあるなら、廃業は極力避けよう……、そう言っているのです。

自分が地獄を垣間見た経験を、ほかの経営者にはしてほしくない……、それが森藤氏のモチベーション、社会貢献なのです。

関西弁で気さくに語る彼が、事業承継に悩む経営者を引き寄せるのはうなずけます。森藤氏からは、地獄を味わった人間の迫力と優しさが感じられるからです。

私は彼に、聞いてみました。

「会社経営と事業承継で悩み苦しんでいる中小企業の社長がいたら、森藤さんが駆け込み寺になっていただけますか？」

彼はすぐに笑顔でうなずいてくれました。
ということで、森藤啓治郎氏の駆け込み寺の連絡先はコチラです。

MASTコンサルティング株式会社所属コンサルタント
「寂しがりやのお節介やき」
中小企業診断士
森藤啓治郎
mtpds.cubic@gmail.com

おわりに

◇社長の最大にして最後の大仕事、それが会社エグジット

私は最初、会社エグジットを「やりたくないこと」として捉えていました。

そして、「できないこと」と思い込んでいました。

「やりたくないこと」は、ベテラン社員3人からの本音を引き出すことで「やりたいこと」に変わりました。

「できないこと」は、同業の社長（結果的に会社の売却先になった）と悩みや進むべき方向が一致したことで、「できること」に変わりました。

次のようなアラカン世代の私の社長仲間もそうです。決して悲壮感を抱えず、次の人生プランをしっかり描いて会社エグジットしています。

・中身の業態を変え、100年以上続く会社を存続させた人
・身軽になって、自分がひとりでできる事業を楽しみながら運営している人

・会社エグジット後、南の島に移住し、理想の生活を送っている人

彼らは、いずれも明るい未来を先取りしています。

会社に執着し、身内への事業承継にこだわっていたらできなかったことです。仮にできたとしても、相当長い時間が経った後だったでしょう。私の場合は、学生時代から長年温めてきた夢の第一歩を踏み出すことができました。

会社エグジットは、自分の未来と、会社や事業を引き継ぐ人たちの未来を明るく照らす照明灯であり、道標なのです。近江商人の「売り手よし、買い手よし、世間よし」です。

それでは、この会社エグジットは誰がプロデュースするのでしょうか……。

それは、社長であるあなた自身です。

起業した時、あるいは会社を引き継いだ時、あなたは間違いなくプロデューサーでした。

どうやって会社を価値ある存在にしていくのか、自分の体と思考、五感を駆使してプロデュースしたはずです。

そして、会社を強くするため、社員や顧問税理士などの専門家を相棒にしてきたのではないでしょうか。

社長としてデビューした時を入口（エントランス）とすると、事業承継は出口（エグジット）です。このエグジットも、社長であるあなた自身がプロデュースするのが自然なことです。事業承継のプロに頼りすぎると、人任せ、お金任せ、時間任せになってしまいます。それで得た結果に、あなたは満足するでしょうか？

今まで手塩にかけてきた息子、娘のような存在なら、自らの手で次の人にバトンタッチしたほうが悔いは残りません。

もちろん、プロの実務家は必要です。

しかし、その人たちに全面委任するのではなく、あなたの相棒としてそばに配し、ひとつの目標を一緒に追いかけていけばいいのです。

そうすれば、金銭的にも、時間的にも、納得を得るのではないでしょうか。人任せで得た結果は、たとえうまくいったとしても、不満が残るものだからです。

社長として、最大で最後の大仕事と位置づけましょう。

本書は「できないこと」を「できること」に変えることを目標にしています。後は、あなたが「やりたいこと」と思って行動できるかです。

後継者不在で、近い将来到来すると言われている大廃業時代・大失業時代の日本を救うのは、あなたです。あなたがその一歩を踏み出して、幸せと社会貢献という2つの果実を手にすることを願ってやみません。

この本を出版するに当たり、たくさんのみなさまにご協力いただきました。

会社の売却先の株式会社人材企画の平井善明さん、社長スカウトに応じて活躍してくれた大治陽さん、相棒として貢献してくれた八神税理士事務所の八神敦子さんと羽田僚史さん、貴重なアドバイスをいただいた株式会社リクルート事業承継総合センターの元由直樹さん、会社磨き上げの伝道師、全国の中小企業診断士を束ねるMASTコンサルティング株式会社の高島宏明さん、あえて失敗談を話してくれた森藤啓治郎さん、公益社団法人名古屋中法人会の社長仲間のみなさん、出版のチェックシート類の作成に関わってくれた豊田直美さん、他、多くの方々に心より感謝申し上げます。

最後になりましたが、出版の機会を与えてくださった株式会社Jディスカヴァーの城村典子さん、株式会社みらいパブリッシングのみなさんに、この場を借りてお礼を申し上げます。

吉田　学

【吉田　学　公式サイト】

起業から事業売却まで
「愛の成功法則」
https://gakusan-stage.com

【吉田学公式サイト】にてメールアドレスをご登録ください。

読者限定2大特典をご利用いただけます。

https://gakusan-stage.com/jigyo-dokushapresent/

読者限定2大特典

① 本書に掲載されている各種図表類（ドリル／チェックシート／スケジュール表など）と著者の記入見本を無料でダウンロードできます。
② 「私の『愛のエグジット』体験」の PDF を無料でダウンロードできます。
(①、②とも右上の QR コードからお入りください)

協力：

- MAST コンサルティング株式会社
  会社の「事業磨き上げ」アドバイザー
  高島宏明　info@mast-c.com
- 株式会社人財企画
  事業承継計画、後継者探し、会社・事業売却アドバイザー
  大治　陽　TEL 090-4426-1770
- 八神税理士事務所（株式会社経理サポートシステム）
  企業をより良くする税務と会計アドバイザー
  八神敦子・羽田僚史　kss-info@keiriss.co.jp
- 株式会社リクルート
  オーナー社長のための事業承継総合センター
  TEL 0120-15-7207
  info@rbsp.jp

【プロフィール】

吉田学（よしだ　まなぶ）
人生100年時代をサバイバルする事業承継アドバイザー

1959年、秋田の山深いマタギの里に生まれる。

㈱リクルートに就職後30年以上、7500社の中小企業（延べ2万5000件）、5万人の人材採用業務に関わる。起業後は、同じ中小企業の社長という立場で顧客と向き合い、共に成長を目指す。人材採用業務に携わった30年間で気づいたのは、成長する企業は後継者育成に力を注いでいるということ。50歳（起業20年）のとき、成長企業に倣い、身内に事業承継するための後継者育成を行うも3年で挫折。後継者不在で大廃業時代が来るという「2025年問題」の情報に触れ、第三者に会社を売却する方法がいちばんと判断。著者自身がリーダーシップを執ってプロデュースし、1年で同業社に会社を売却。その経験をもとに、会社売却は自分の次の人生を見据えた行動であり、周りの利害関係者に幸せをもたらし、事業承継のベストチョイスであることを提案。

このときの経験を活かし、「会社売却」を「会社エグジット」というキーワードで前向きに捉え直し、それが事業承継のメジャーな手段であることを講演等で伝えている。

愛《あい》の会社《かいしゃ》エグジット

売《う》り手《て》も買《か》い手《て》も幸《しあわ》せになる事業売却《じぎょうばいきゃく》

2021年6月21日　初版第1刷

著　者／吉田《よしだ》学《まなぶ》
発行人／松崎義行
発　行／みらいパブリッシング
〒166-0003 東京都杉並区高円寺南 4-26-12 福丸ビル 6F
TEL 03-5913-8611　FAX 03-5913-8011
http://miraipub.jp　E-mail: info@miraipub.jp
企画協力／Ｊディスカヴァー
編　集／吉田孝之
ブックデザイン／池田麻理子
発　売／星雲社（共同出版社・流通責任出版社）
〒112-0005 東京都文京区水道 1-3-30
TEL 03-3868-3275　FAX 03-3868-6588
印刷・製本／株式会社上野印刷所

ISBN978-4-434-29072-5 C0033